始于热爱

一位女企业家的人生思考

Start with Love

Reflections on the Life of a Female Entrepreneur

刘朝晖◎著

中国经济出版社
CHINA ECONOMIC PUBLISHING HOUSE
北 京

图书在版编目（CIP）数据

始于热爱：一位女企业家的人生思考 / 刘朝晖著
. -- 北京：中国经济出版社，2024.10
ISBN 978-7-5136-7691-5

Ⅰ. ①始… Ⅱ. ①刘… Ⅲ. ①企业管理－通俗读物
Ⅳ. ① F272-49

中国国家版本馆 CIP 数据核字（2024）第 055815 号

责任编辑 赵静宜
责任印制 马小宾
封面设计 久品轩

出版发行 中国经济出版社
印 刷 者 北京艾普海德印刷有限公司
经 销 者 各地新华书店
开　　本 880mm × 1230mm 1/32
印　　张 5.875
字　　数 116 千字
版　　次 2024 年 10 月第 1 版
印　　次 2024 年 10 月第 1 次
定　　价 78.00 元
广告经营许可证 京西工商广字第 8179 号

中国经济出版社 **网址** http://epc.sinopec.com/epc/ **社址** 北京市东城区安定门外大街 58 号 **邮编** 100011
本版图书如存在印装质量问题，请与本社销售中心联系调换（联系电话：010-57512564）

序 Preface

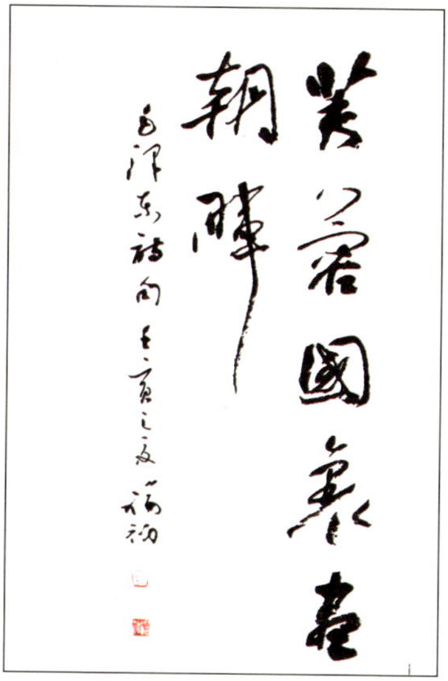

积于柔则刚

著名作家毕淑敏在《人间温柔》里説："温柔从来不是什么轻声细语，也不是软弱不堪。温柔是对这个世界的善意，是对生活的热爱，是敢于接纳自己的勇气，是坦然面对过往的决心，是基于理解和包容的品质，是一切温暖的力量。"朝晖女士的故事就很好地诠释了这种人间温柔的力量。

认识朝晖女士很多年了。

她曾经是省高院的一名法官，为了自己的爱情，放弃了体制内安稳的生活，投身于竞争激烈的商业世界，以其独特的温柔力量驰骋于地产、教育、医疗等领域，在湖南、天津、广州等地开辟出属于自己的一片天地。

每次看到她，总是带着春风拂面般的微笑，总是激情澎湃。她喜欢开玩笑地说自己心大，很多别人在意的事，她并不放在心里，也不太计较。憨人自有憨福。她身上有着中国女性特有的善良，对身边所有的人，都充满着最大的善意，即使因此受到伤害也依然如故。在她看来，吃亏是福。而她温柔的外表下，却始终隐藏着坚定的信念和不屈的意志，体现出中国女性宜室宜家、也为国为民的大美。

老子贵柔，以为柔弱胜刚強，《淮南子》亦云“积于柔则刚”，长期坚守温柔之道的人，反而会成为强者。人之一生，言语温柔，是一种修养，身段温柔，是一种境界，手段温柔，是一种格局，心肠温柔，是一种福报。越温柔的人，心量越大，能海纳百川，事业自然就不断发展壮大。以温柔的力量，在商业的舞台上绽放出绚丽的光彩，这就是朝晖作为一个女企业家成功的秘诀吧。

上善若水，温润如春！

中国书法家协会副主席、湖南省书法家协会主席

鄢福初

自序 Preface

坚定初心，奔赴心中热爱

这些年，从未想过是如此跌宕起伏。

有党的二十大的胜利召开，开启新征程；有冬奥会上中国健儿自信的笑脸，中国空间站里宇航员们亲切的问候，卡塔尔世界杯的狂欢，温暖人们的心扉；有僵持不下的世界局部地区冲突，搅动世界政治和经济格局……自豪和快乐永远都在，但灾难和忧伤亦不因我们的善良而止步。

我们经历春的萌动、夏的炙烤、秋的萧瑟、冬的严寒，不管是北方的清冽，还是南方的温煦，每个人都紧握自己的心事，就像怀揣着健康码穿行于人流。我们有理想也有幻灭，得到过安慰也蒙受过磨难，一度不相信别人也不相信自己，不笃定所坚持的情怀能穿越行业周期，所掌握的技能能坚持到下一站。我们茫然地站在十字路口，如懵懂少年在无边的黑夜，独自踱步到天明。

没有什么可以拯救我们，除了心中的热爱。当我们感到前路茫茫时，总会有一种力量牵引我们向前，这是我们的信仰，是我们对脚下这片土地的热爱，对社会、企业和家人的责任。这是我们内心生发出来的一种力量，不管世界如何变化，这种力量会愈挫愈勇。即使是孤勇者，也会奋力一搏。

没有什么可以拯救我们，除了我们感受到的爱。当我们感到柔弱无助时，总会有善意温暖我们，在惶恐的时空中快递小哥从不迟到的脚步、在凛冽冬日里同事间温馨的互助、感染新冠后朋友闪送的药品……

这些年，于金侨而言，是风雨兼程、波澜壮阔的历程，是携手并肩、拼搏创业的征程，是创新变革、追求卓绝的进取。在此，感恩所有关注我们企业发展的领导、专家以及合作方，更感恩全体金侨奋斗者对金侨的鼎力支撑。金侨是由大家共同铸就的，是我们共同的温馨家园。

爱让我们坚定前行，心无旁骛。未来终将到来，金侨的未来也终将到来，时间不会辜负每一个善良的坚守者，春天终将回馈每一个冬天里的抱薪者、坚守者、发光者。

我们知道困难不会马上离席，很长一段时间，它是我们密切的伙伴。那些在深夜里睡不着的日子，那些面对深渊想要逃跑的瞬间，日后都将是珍贵的时刻。为了梦想，我们热烈地爱过，执着地追求过，勇敢地拼搏过；面对困难，我们勇敢地接受它、挑战它，才能超越它。

我们经历了最难的时刻，力量已长在心里，爱已洋溢在脸上，我们笃定可以穿越行业周期，坚定地站在下一个出口，即使遍体鳞伤，即使泪流满面。

我们知道，必须坚定向前，这是无法停止的跋涉。那些曾经许下的诺言，那些在心底描绘的蓝图，那些梦想中的岁月，都需要以不屈意志和长期坚守去兑付。

我们知道，必须无畏前行，时代的进步，有时是以很多人的阵痛换来的。这阵痛是我们这个行业必经的修行，但只要继续前行，就会推开一扇扇大门，那大门后就是一个个美丽新世界。

我们知道，必须进化蜕变，不断学习，与时代同频共振，才能化解行业危机，突破技术藩篱，解构生活赠予的玩笑。

我们知道，把每件事坚持做、用心做，才能厚积薄发，收获意料之外的惊喜，过去所有的遗憾，都是未来惊喜的铺垫。过去所有的失去，未来都会用另一种方式归来。

我们，以爱奔赴未来。

我们为爱出发，让爱的阳光，普照每一个人。

目录

Contents

第四章 那些种在心中的爱

第一章

失去的，
将会以另一种
方式归来

为有牺牲多壮志，敢教日月换新天

别梦依稀咒逝川，故园三十二年前。
红旗卷起农奴戟，黑手高悬霸主鞭。
为有牺牲多壮志，敢教日月换新天。
喜看稻菽千重浪，遍地英雄下夕烟。

开年之际，重新感受毛泽东的《七律·到韶山》，内心仍无比震撼。这首七律记述了毛泽东回到阔别32年的故乡韶山时的真实感受。“为有牺牲多壮志，敢教日月换新天”，先烈们为革命事业克服了多少困难，做出了何等伟大的贡献啊！而如今，对我们来说，刚刚得到缓解的新冠疫情，就像诗中“高悬的黑手”，在过去的三年里使我们牺牲了很多，而我们则用毅力坚守住了阵地。终于，我们迎来了举国欢庆的春节，也迎来了市场的春天。面对当前的大好形势，我不禁感怀过去的日子，在最困难的时期，我们金侨人经受住了考验！

时间是开拓者前行的刻度，年轮是奋斗者筑梦的见证。回顾过去，每一个难关的突破，都得益于我们携手同心，顽强不屈！

如果用一种姿态来展望未来，那一定是“奔跑”。前方，既是奋进征程，也会有迷途惊涛，而心中的热爱，可以让我们以无畏的姿态奔向星辰大海。梦想的实现，需要“静如处子”的沉着积累，也需要“动如脱兔”的果敢行动。在新起点上，我们初心如一。在全新的市场环境中，每一次只争朝夕，每一位金侨人的奋力奔跑，都会推动集团在征途上迈出更坚实的步伐，看到更绚丽的风景。

纪念曾经的牺牲，所有的努力都不会白费。让我们不负激情与热爱，在梦想的征途上全力以赴，共迎美好明天的到来。

战吗？我们都是那个孤勇者

女儿每天从幼儿园回家都会唱《孤勇者》："爱你孤身走暗巷，爱你不跪的模样，爱你对峙过绝望，不肯哭一场！爱你破烂的衣裳，却敢堵命运的枪……"听着孩子稚嫩嗓音唱出的铿锵词句，很是感慨。

地产，这个曾经风光无限的行业，也许是当下最令人唏嘘的行业。好似跑得正欢的列车，因市场下行、新冠疫情、政策调整等因素，被迫急刹车。销售停滞，工程停工，而银行贷款和利息却没有消失，依然如泰山压顶般。无奈之下，有的企业逃离，有的企业躺平，甚至摆烂。

但还是有苦苦坚持、拼死救市的地产商，他们自掏腰包，房子、车子抵押，亲朋好友借遍，用一己之力抗击雷霆万钧，哪怕满身泥泞，也要匍匐前进。他们就像这首歌里唱的孤勇者。

我们是民营企业，是地产企业，地产行业遭受的磨难，我们一样不少，但是我们不会爆雷，也绝不躺平。真正的安全感，永远来自内心的不屈服和因此迸发出的无穷力量。不忘初心，逆风而行，也许孤独，但这是"难而正确的事"。

于是，我们公司上下统一思想，积极面对逆境，坚信能穿越周期，看到风雨后的彩虹。我们知道沧海横流方显英雄本色，繁杂混沌的环境中，心态坚韧、谨慎乐观才能正确审时度势。

我们全力以赴挽救公司，全员勒紧裤腰带过日子。没了销售业绩，也没有开发贷，资金链岌岌可危，从管理层到员工都咬紧牙关共克时艰。

降薪，减油费，大家毫无怨言。自带干粮上班，还拿出家中积蓄，只为公司按时还贷、维护征信，哪怕个人征信面临风险。同时，勇敢面对上访闹事者，与供应商反复沟通协调，避免公司发生群体事件影响社会稳定。

小伙伴们咽下委屈，微笑着以抵房、抵车位等方式，使出浑身解数应对各种状况，做到骂不还口、打不还手，化解了一个又一个危机。

三年间，公司经历了艰难的人员精简。为求生存，我们不得不贱卖曾经举全公司之力拿下的项目，将精心打造的产品低价抵给债权人，忍痛舍弃辛苦招揽的人才。送别战友时虽满心不舍，但留下的人互相打气，留存希望的火种以待发展。这背后需要多大的勇气和信念啊，毕竟，总有人在为大家遮风挡雨。

孤勇者，难在孤，亦难在勇，难在与外界干扰对抗的勇气。我们要在逼仄的生存环境中做善于“回弹”的人，就如纳尔逊·曼德拉说的：“不要用成功来衡量我，而要用我跌倒再站起来的次数来衡量。”

当困难来临时，具有强大心理韧性的人会越战越勇。我们希望在这一次残酷历练下，和企业一起变得更强大！

“去吗？去啊！以最卑微的梦！战吗？战啊！以最孤高的梦！致那黑夜中的呜咽与怒吼！谁说站在光里的才算英雄！”

纵使常感无力，我们仍在成长

身边不断有人跟我说，常常有一种无法抑制的无力感。

想去的地方去不了，想见的人见不到，想做的事情做不了，好像事事都不能如愿，好像一切都充满不确定性，无法掌控，留下的只有无尽的遗憾，以及控制不住的焦虑。

我们无法改变世界，但我们可以逐步改变自己身边的环境，也可以改变自己的心态。

纳粹集中营，如同人间炼狱，电影《美丽人生》里那个犹太父亲却对儿子说在集中营的一切只是一场游戏，他用智慧乃至用生命保护了儿子的心灵。每次看到这位父亲给儿子编织善意的谎言，我都会被深深触动——还有比这更伟大的父爱吗？还有比这更柔软又坚强的心吗？

有人说世界的好与坏，完全取决于你的内心。若你的内心充满阳光，那世界就是绚丽多姿的；若你的内心布满阴云，那世界就是黑暗无比的。内心有光，你就是自己的太阳，不仅能照亮自己，还能温暖他人！

不管世事如何，我们永远需要拥有辩证的、乐观的心态。

人生在世，未必一帆风顺，我们要用发展的眼光来看待问题。

接二连三的失败经历，或许限制了当下的部分可能性，但这绝不是人生的全部。生命的旅途很长，千万不要因为心感无力，而自行放弃。

消除无力感，有一些小窍门。先定一些小目标，做一些小事，比如，搞定一件不那么难的事情、见一个可以见到的客户、每天疾走两公里、每周看一本书、花一个月时间学会游泳等。做这些事情几乎没有任何负担，哪怕只调用最少的意志力，也可以把它们完成。长此以往，这些行为就渐渐演变成微习惯。这些微习惯看似毫不起眼，但是它却能开启大脑想要改变的强烈欲望。

一个人一旦想要改变，那么在内在动力的推动下，自然而然就会提高微习惯的门槛，让自己不断升级，能够主动创造，从而彻底从焦虑中解脱出来，重新找回掌控自己的力量，逐步提高自己改变身边世界的能力。虽然过程中亦会有忐忑，甚至煎熬，但这些都是我们进阶所必须经历的，在这个过程中，我们会逐步变得强大。

只要不放弃，哪怕是一点点改变，都是在成长。

“一沙一世界，一花一天堂。掌中握无限，刹那即永恒。”

如此，你还会感到无力吗？

人生，就是接受一次次始料不及

很喜欢看《唐顿庄园》，尤其喜欢剧中的老伯爵夫人，她有着英式的智慧。她有很多金句，在电影版里有一句台词：“我们经常要接受生活中的始料不及。”确实，德高望重的她一直在接受各种始料不及，比如，孙女爱上另一个阶层的人、孙女难产身亡、“一战”给家族带来巨大变化等。

我们也在接受各种始料不及，亲人离去、疫情来临、市场低迷等。一切都像《牡丹亭》所言：“风无定，人无常。”永远难以预料，明天和意外哪个会先到来。

因为始料不及，我们没有现成的剧本，来不及准备台词，就仓促上台，不知道舞台状况，不知道灯光效果，更不知对手情况，凭着一口气和或多或少的经验临场应对，有时在懵懂中接住了命运的梗，有时摔得鼻青脸肿，更多的时候，我们忐忑地等待着一只不知什么时候会掉下来的靴子，茫然而惶恐。人生，这样的情景不会太少，始料不及的无常成为最大的有常，甚至成为日常。

在一次次的猝不及防中，被迫做选择。是接受，抑或回避？

所有的始料不及，不会因为回避就不发生。

人活着，就是一次艰难漫长的修行。我们被迫接受每一次始料不及，被迫成长，我们学会了与始料不及共生。如匈牙利诗人裴多菲说的那样："人应当像人，不要成为傀儡，尽受反复无常的命运的支配。"

我们学会了不妥协，在无常中演绎自己的剧本，不在命运的裹挟中随波逐流。甚至悲壮得像罗曼·罗兰说的，以准备失败的心情去迎接胜利，这是一个人面临得失的时候所必须有的一种态度。假如只准备成功而不准备失败，当失败时就会来不及了。

我们做好了所有最坏的打算，背水一战，放手一搏。像那只年轻时就活在心中的海燕一样，高喊着："让暴风雨来得更猛烈些吧！"

或许，那只海燕一直陪伴着我们，就为了等待每一次始料不及。当你在匆忙中做好了全身淋湿，甚至头破血流的准备，你还会惧怕突如其来的暴风雨吗？还会惧怕上帝临时加的戏码吗？你还会妥协吗？

人生最清晰的脚印，往往在最泥泞的路上。那些一再试探你的痛楚和失败，那些让你陷入迷途惶惶不知去路的时刻，那些削弱你的斗志企图打垮你的人与事，在某种意义上，是你生命中最好的老师。

在一次次始料不及中，我们终于成为最想成为的自己。

我们如何找到通往罗马的大路

看过一个关于建造罗马的纪录片，很有体会。

罗马曾被称为“永恒之城”。当同时期的秦始皇修长城作为防御工事时，罗马人更重视修路。从公元前3世纪到公元2世纪，罗马人共铺设了8万公里罗马主干道，如果算上支线，道路总长超过15万公里。在古罗马人的观念中，壁垒隔绝人的来往，而道路促进人的交流，所以有了“条条大路通罗马”的说法。罗马全盛时期，帝国的道路通向哪里，帝国的军队就打到哪里；帝国的水渠通向哪里，帝国的文化就传到哪里。

当年罗马人为进攻或融合都准备了N条大路，我们想去罗马也不一定要墨守成规，和别人走同一条路。这道理同样适用于我们的人生，以及企业经营。

人人都渴望成功，通往成功的道路并非只有一条。更何况，我们处在一个多元化的时代，可以选择的更多。有时候，看似成功率高的那条大路人满为患，反而难以到达成功彼岸。那我们不妨转个弯，换一条路，换一个赛道，不一定要撞没有意义的南墙。人可以执着，但不能有执拗，有时往往是“山重水复疑无路，柳暗花明又一村”。

或者可以换一种心态。比如同样看到半杯水，悲观的人认为只剩半杯了于是怨天尤人，乐观的人开心还有半杯于是感恩生活。换一种心态，就是在通往罗马的方向找到了又一条大路。

或者可以换一种思路。我先生特别喜欢住顶楼，因为他觉得顶楼视野开阔，可以看得更远，思路也会因此打开。他总说，当我们站在一楼，只能看到眼前数百米的风景；而当我们站在楼顶，所有的风景尽收眼底，再没有什么可以阻挡视线。远想出宏域，高步超常伦，即使处于困境中也能因此找到新的突破口。

更多的时候，我们要迭代自己的认知，进阶自己的眼界。我一个朋友命运多舛，但她总像祥林嫂一样抱怨别人，从不想自身原因。如果认知停滞不前，就会一直在命运旋涡里打转而无法破局。

庄子《逍遥游》里说：夏虫不可以语于冰，井蛙不可以语于海。我们都是用自己有限的知识，去认识这个世界，而这认知决定了人生上限。哲学家叔本华曾说："世界上最大的监狱，是人的思维意识。"真正使人陷入困境的，从来不是经济上的贫穷，而是认知上的壁垒。认知水平越高就越会发现，困难其实都能像庖丁刀下的牛般迎刃而解。

就好像，我们找到了一条又一条通往罗马的大路。

笑看人生，留一半清醒留一半醉

一直喜欢叶倩文唱的《潇洒走一回》："天地悠悠过客匆匆潮起又潮落，恩恩怨怨生死白头几人能看透，红尘啊滚滚痴痴啊情深，聚散终有时。留一半清醒留一半醉，至少梦里有你追随。"

"留一半清醒留一半醉"，这个醉，应该是糊涂的意思。正如古人说的，难得糊涂。这或许是最理想也最现实的人生态度，亦是处理人际关系时最具情商的方式——看破不说破。

这是中国人的"半"字哲学，很多人认为是中庸主义，我却觉得这是为人处世的分寸感，恰到好处，余韵无穷。

曾国藩最爱一句话，"花未全开月未圆"。半隐半露间，就像雾里看花，水中望月，是若有若无、若即若离的美，有留白，有想象，有期待。一半花开，一半月圆，是中国美的最好诠释。月盈则亏，水满则溢。繁盛之后，尽是枯萎凋零，所谓盛极而衰。所以，现在很多人不仅学会止损，还学会止盈。

《简爱》里有句名言：人生来就是含辛茹苦。确实，人的一生可说是一半苦一半乐，开心的事很多，烦心的事亦不少。

中国人自有对待苦乐的态度，范仲淹的“不以物喜，不以己悲”是最好的诠释。

对待苦是苦中作乐，甚至以苦为乐，苦藏一半，于细微处体会生活的小确幸，那种逢人就诉苦甚至不断抱怨社会和他人的人，脸上就会有怨气，招人厌；对待乐，也是要藏一半，不高调炫耀，不得意忘形，那种不分场合张扬的人也会让人避而远之，所谓被捧得越高摔得越惨。

曾国藩曾用毕生所获告诫弟弟：“天地之道，刚柔互用不可偏废。太柔则靡，太刚则折。刚非暴虐之谓也，强矫而已。柔非卑弱之谓也，谦退而已。”话软着说，事硬着做，刚柔兼顾，最是正好。

做事态度要一半积极，一半随缘。中国人说谋事在人成事在天，努力去做，相信能量守恒，自然会有公平的结果。

“半”字哲学，能让我们积极而快乐地面对自己、面对世界。

失去的，都将以另一种方式归来

感恩节。

初冬的湖南软件职业技术大学校园，目之所及都是红色的建筑——图书馆、教学楼、宿舍楼。温和的阳光打在墙体上，散发出迷人的光芒，每一次看到，都觉得又有新的感觉。

2008 年在九华建设湘潭校区时，为了打造一座美丽的大学校园，任玉奇董事长看过世界多所名校之后，给学校建筑定下红色基调，并亲手选制红砖。

这种红已经在校园里美丽近 15 年了，历久弥新，越来越好看。

图书馆前有一条梧桐大道，道两旁是高耸的梧桐，叶子黄绿红三色相间，是这个季节最美的样子。微风吹拂，树叶像蝴蝶一样飞舞，牵扯着内心的温柔。

校园里，一群群学生走过，说笑着，蹦跳着，年轻的脸庞和上午的阳光一样明亮舒展。最好的年华，怀揣着最好的梦想，也希望遇到最适合自己的人生剧本。

看着这些孩子，我心情特别平静，也很满足，觉得找到了抚慰内心的东西。曾经我也是这般年轻，这般憧憬未来，这般努力奋斗。

当年我离开公务员队伍，下海经商。我的家人担心我丢掉金饭碗。我也犹豫过，担心商海沉浮，不熟水性的我，不能自在遨游。短暂的犹豫后，内心更多的是对未来的憧憬。年轻时的我总相信只要足够努力，一定会收获丰富的人生，即使是磨难，亦是上天的馈赠。

就这样，我一头扎进商海，不问归途，跌跌撞撞一路至今，渐渐成为大家眼里的企业家，员工眼里的总裁。

而今年过半百，人生剧本亦已演绎过半，我收获了很多人生体会，这些体会是辉煌铸造的，也是磨砺酿造的，人前的体面亦是背后百倍的艰辛。

当各种煎熬磨砺出心头的茧子时，人就这样成长起来，即使脱离了既定的剧本，即使无人喝彩，抑或是突换剧场，亦会坚强地面对，亦会演绎出自己最精彩的剧目。

知晓且行且珍惜，亦知晓前路漫长，还需负重前行。但所有的失去，都将以另一种方式归来。

感谢遇见。感谢我遇见的所有人，陪伴我一路走到现在。

坚定地走下去，时间会给出最好的答案

东京的希尔玛药店，96 岁的比留间荣子在此坚守了 75 年，被吉尼斯评为“最高龄在职药剂师”。漫长的岁月里，她给自己，也给所有人开出一张张“心药方”，不快乐的年轻人、焦虑的中年人，都愿意对她敞开心扉。

《时间是良药》就是荣子奶奶对自己一生感悟的集萃。字里行间，她为我们开出了生活、工作、人际、自我的各种药方。保持好奇心、坚持前进、传递温暖、珍惜时间……这些人生的良药是她能一直拥有活力的重要原因。

这本书最打动我的是荣子奶奶对“时间”的解读。她说，人生的每一天都是新的一天，认真行动起来，何时开始都不晚，珍惜每一分每一秒，就能获得成长和发展。

人生在世，永远躲不开挫折。尤其是在疫情反复、生活压力陡增的当下，有些朋友会觉得失落、疲惫、前途无望，于是放弃努力，也放弃了希望，不愿去接触新鲜事物，更不愿去学习新知识，沉溺于消极的状态中，颓废度日。

荣子奶奶告诉我们，在生活里尽量不要说出“累了”这个

词，它会让身体真的感觉很累。但我们的确会有疲累的时候，那该怎么办呢？她说，要倾听身体和内心的声音，该休息的时候好好休息，睡上一觉，缓解一天的疲劳，让第二天依然能充满精神去做全新的自己。

对我们来说，时间很漫长，但又很有限。我记得罗振宇在一次演讲中问：我们的时间够吗？答案是够的。按照现在的医疗水平，未来人人都可能活到百岁，这样我们就有时间去做自己想做的事情。关键是，迈出第一步，并坚定地走下去。

撒切尔夫人也说过，思想影响语言，语言影响行动，行动变成习惯，习惯成为命运。决定命运的是每一次你对世界的探索和认知，在瞬息万变的当下，保持好奇心，跟上时间的脚步，才能找到自己的价值所在。

时间不是问题，时间也最公平。就像荣子奶奶在书里讲到的，无论喜还是忧，人生都只有一次。勇敢尝试一些自己想做但还没做的事情，可能是通往幸福的关键。不断探索，培养新的习惯，累积的时间会变成力量，它不会辜负每一个认真生活的人。

《大鱼海棠》片尾有段独白：人生是一场旅程。我们经历了几次轮回，才换来这个旅程。而这个旅程很短，因此不妨大胆一些，去爱一个人，去攀一座山，去追一个梦……上天让我们来到这个世上，就是为了让我们创造奇迹。而这一切，我们都不必着急，行动起来，何时开始都不晚。

坚持一步一个脚印，时间会给出最好的答案。

善意的谎言

最近，我的几个女同事都瘦了，且漂亮了。问她们秘决是什么？居然是我这段时间很少叫她们吃饭了。

这三年来，陪伴在我身边的人已经不多了，在企业鼎盛时期，前呼后拥，围聚在身边的比比皆是。企业一旦出现危机，不得已裁员、降薪，也需要剩下的人扛刀扛剑，因此辞职另谋出路的也大有人在。所以，我特别珍惜留在我身边的这些同事。工作之余我们会找个小饭店，吃点东西，有时还喝点酒，解解乏，排解压力。

有次，我无意中听我们的总会计师跟别人说，我们陪朝晖总吃饭，都胖了，衣服都穿不上了。原来，我担心她们跟着我辛苦，安排她们吃饭，是一种负担。她们不讲，是因为想陪我一起度过难关。

这让我想起一个故事。有对夫妻，丈夫得了癌症，妻子为了不让他难过，－直瞒着他，让她老公度过了一段美好而幸福的时光。但就在她丈夫最后躺在ICU时，她听到了他交待他最好的朋友一定要在他死后照顾她和孩子。她这才知道，其实，她丈夫早就知道自己不久于世，只是想装作不知道，配合妻子演好了最后这段戏，好让妻子少一点担心，多一点开心。

我的母亲也是如此。我母亲在刚过60岁的时候，就被确诊珍为胰腺癌晚期。我们当时还很年轻，事业正欣欣向荣，也都生了孩子，正是想要吃了半辈子苦的母亲好好享受享享清福，含饴弄孙的时候。我们三姊妹都接受不了这个事情，带着母亲北上协和、南下湘雅，四处求医，同时，还要瞒着病情，身体累心更累。有一次，CT报告被母亲看到了，一家人解释了很久，最后还是由姐夫在电脑上改了病历，才蒙混过关。直到两年后母亲过世，偶尔一次听妈妈的闺蜜说，妈妈早就知道了自己的病，只是为了不让我们担心，她故意装不知道而已。听了以后我们泪如雨下。

有时候，谎言也有善意的，如果里面蕴含着爱的元素，她也是伟大的。

就像现在，有时面对巨大的企业经营压力，真感觉度日如年。但总会朋友隔一段时间给我打电话说："再挺一挺，很快就会有新政出来，会有转机。"还有一位朋友乐观地说："我找大师给你算了一卦，你事业运很好，过两年就转运了，后半生盆满钵满。"不管是真是假，至少还是可以暂时安慰自己，从一地鸡毛的现实里似看到一点曙光。

在这个经济下行的时候，面对财富缩水，还有与物质无关的关爱，让我觉得很温暖。

我也愿意以这样一个故事来鼓励自己。曾经有一位教师，他对学生说：“我可以预测未来，你将来可能成为数学家，他能当作家，那一个具有艺术天赋……”在老师的鼓励下，孩子们变得勤奋刻苦，懂事好学。几年后，大批学生以优异成绩迈进大学的校门。人们都以为这位老教师能掐会算，可以感知未来，其实，老师的良苦用心是将一个美丽的谎言种植在孩子的心灵，就像播一粒种子在土里，终将枝繁叶茂，开花结果。

在教育心理学上，这个叫做皮克马利翁效应。这或许是善意的谎言最好的成果。

《梦华录》为何火？自立的女人最美

《梦华录》特别火，居高不下的热度让它成为2022年的高分爆款剧。全网都在狂赞刘亦菲的美，大家上一次如此评价刘亦菲还是因为《神雕侠侣》。

刘亦菲固然是美，但更重要的是这部古装女性励志剧迎合了大众心理，契合当下女性对自身命运的期许——女性就是要搞事业。赵盼儿、宋引章、孙三娘出身寒微，屡遭不幸，三姐妹携手闯京城，逆袭成功，开起了京城最大的酒楼，成了宋朝商界“花木兰”。

赵盼儿在剧中常说的一句话就是：女人要自立。

女人如何自立？

一是要有技能。

赵盼儿是德智体美劳全面发展，长得漂亮，舞姿优美，既懂茶道，又懂医，还懂法，口才也好，做人不卑不亢，还特别善于经营。她未来公公萧谨言评价她“遇事沉着、杀伐决断，是个好主妇”。

二是要有自己喜欢做的事，或事业。

赵盼儿明明可以靠颜值，靠喜欢她的人过锦衣玉食的生活，但是她一定要自己开茶楼、开酒楼。虽然关键时刻总是顾千帆帮她，但她至少是摆出了自己做事业的阵仗，亲力亲为拼命做，也做出了成绩，连皇上都对她刮目相看。

三是要有几个好朋友，既是人生知己，又是事业伙伴。

剧中三位女性相互理解、相互扶持，各尽其能为同一份事业发光发热。我们一定要有自己的情绪输出口，朋友是最好的心理按摩师，能随时为我们抚平生活中的戾气。

四是要有清醒的婚恋观。

赵盼儿有成熟女性的处世方式和爱情观。经历过挫败，不会一见钟情，在确认关系之前，会审视对方，给自己留有余地，也给对方留有空间，尺度把握得非常好。既对所爱的人深情款款，但又时刻保持警觉，敢爱、舍得付出，也能随时抽离而出，不黏黏糊糊。亦如现代女性的婚恋观，不做菟丝花，而是做能并肩前行的战友和伙伴。

五是做人要仗义，勇于帮助别人。

赵盼儿在没有爱上顾千帆的时候，就对其舍身相救；宋引章落难，她宁可搭上清誉也要拉她出火海；孙三娘落水昏迷，赵盼儿要跳河相救，只因“她是我朋友”。

赵盼儿的大气和仗义，使她拥有一众拥趸，在她需要时，朋友们也为她两肋插刀。

女性若能如此自立，怎会不美？

人生是马拉松，高考是重要一站

高考重要吗？毋庸置疑。

从中国目前的教育体制和选拔人才的机制来说，高考决定了一个人的学历，决定了他从青春期到青年期这一性格、价值取向形成最关键的时期将会在什么城市、什么场景中度过，决定了他有什么样的同伴，有什么样的精神导师，关注什么话题，由此形成他对人、对世界的认识。

考进“985”“211”大学的学生，确实在就业选择上要比一般大学毕业生多一些优势。很多用人单位选拔人才时，会非常看重员工的第一学历。

但是，人生是一场马拉松，不是一场考试就能彻底决定的。高考会影响人生，但不能决定人生。

无论高考成功或者失败，它都不是人生的终点。考得好，抓住了这个机会，冲过了独木桥，就比别人多了一些机会。但在高考过后的漫长人生里，还要面对各种大大小小的机遇和挑战，需要继续不懈努力，才能实现自己的奋斗目标。

如果高考考得不好，则需要加倍努力。这样，即使学历不高，也可以在社会大学里找到合适的位置，在另一条赛道上实现人生逆袭。只要有逆风飞扬的决心和行动，找准方向，付出更多的努力，一样会有辉煌的成就！

从手机崩盘到断舍离

前日夜里，手机突然坏了，上千个电话，以及这几年的照片瞬间消失。现代人太依赖手机，记性极好的我也背不出几个电话号码，一下觉得与外界失联，真有些崩溃。更心疼那些照片，那是我工作生活的点点滴滴，见证了无数欢喜与美好的瞬间。

一时懊恼不已，后悔没有早日换一个性能更好的手机，也后悔没有早日做备份。

号码不见了还可以慢慢恢复；照片不见了，所幸之前好多照片已发给相关同事和家人分享，还可找回，即使丢失一部分，虽是遗憾，但也没有太大损失。事已至此，多虑无用，不如就此放下，以后注意不重蹈覆辙就好。

这也算是被迫断舍离吧——想通了好像也没那么难接受。

就拿手机里曾经留存的信息来说，多半是愉悦的，亦有不那么令人愉悦的——某些人因某些原因发的言语极为过分的信息。在经济下行、疫情蔓延的特殊时期极易见人心，既有肝胆相照的朋友，也有他人情急之下的出言不逊甚至恶语相向，确实伤人至深。这类人这些年见得太多，他们的微信我一直留着，以警醒自己，一是企业经营不易，二是世间并非都是良善之人。这一下手机崩盘了，这些信息亦消失不见，仿佛从未见过，倒也解脱了。这些世间的丑陋原本也不值得自己再挂怀，还是应该不忘初心，牢记美好。或者说，还是要自带过滤器，忘记外界给我们的伤害和折磨，否则，我们自身内存如何够？背负了那么多负面情绪，如何能不带戾气？如何能向阳而生、朝气蓬勃？

我们幼时就像一潭清水，清澈见底，就像万物之始，大道至简。然而在成长过程中，我们吸纳外界精华，亦难免沾染浑浊之气，衍化至繁，不再是清水，成了可乐；不再是白纸，成了色彩斑斓的油画。然而人生并不是得到的东西越多就越好，当我们无法承受内心的负重时，很容易失衡。生命有不该承受之重，就该学着抛弃一些不必要的东西。

对于无能为力的事，该断。生命中无缘的人，当舍。心中的烦欲执念，当离。如目光所及皆是回忆，心之所想都是过往，如何轻装上阵奋力一搏？只有放下执念，心才能回归安宁。

“断舍离”好比人身体机能的“新陈代谢”，不过滤掉无用的“残渣”，生活就难以流通顺畅。这些“残渣”和“杂物”包括生活中多余的物品、外界的看法、积压已久的坏情绪等，学会正确取舍，给生活“透气”，才能活得通透。

其实很多东西本就可有可无，下决心断了，就会发现也没什么大不了的。

真诚，成本最低的人际交往方式

年前，家里的园子终于弄好了。冬日的南方树木葱茏，盛放出夺目的绿色，丰盈着青灰色的天空。

我很感谢抢活儿的小老板。

园子整修原本找了一家浏阳园林公司，但因疫情封控来不了，如此拖延下去春节前必整修不完。一直给我们家修理树木的一小老板说，只要有图纸，他也能做，并给我看了他帮小区其他业主做的园林实景照片，保证过年前完成，又快又好，不让我操心。

这个小老板就住在我们小区外面不远，每年过小年，总请我们一些业主去他家吃新鲜的杀猪菜。他的父亲和妻子都和他一样热情、实在，时间长了，大家都很信任他，都把家里的园林维护交给他。

听他这么说，虽说他实力不如之前那家园林公司，但面对如此真诚的人，不忍拒绝，于是，这个业务就给他了。

果然，他不辱使命，兑现了他的承诺。

都说机会是给有准备的人，不如说给真诚的人。真诚给了他机会，也给了我一个漂亮的园子。

我从小就被亲戚朋友笑话“缺心眼”，对什么人都好，好到没有原则，既交学霸朋友，也和调皮捣蛋的朋友玩儿得起劲，老弱病残也总想着帮一下。我曾有一个得过脑膜炎的同龄朋友，每天对她嘘寒问暖。家人很不理解，我却从她纯净的眼神中读出了友谊的真挚。后来长大了，开始筛选朋友了，但是对所有人真诚，这一点一直没有变。

其实，真诚是成本最低的交往、沟通方式。有的人担心对人真诚会吃亏，甚至会上当受骗，我却不以为然。真诚是打开所有人际关系的钥匙，能帮助我们走入对方的世界。因为真诚，我收获了很多朋友，其中不乏后来在关键时刻对我施以援手的人。大家都说我有“贵人相助”。

对真诚的人，真诚是试金石，你真诚相待，他亦会以真诚回报；对虚伪的人，真诚是照妖镜，能让他无处遁形。

如果你以虚伪待人，很大程度上，别人也会虚伪待你，这样会失去很多朋友和机会。李嘉诚生意刚起步时，秉承“总是比别人少赚一点，让别人多赚一块钱”的真诚理念，想与之合作的人趋之若鹜，生意也越来越好，事业越做越大。这就是所谓的“诚信走天下”。

往小里说，真诚让别人觉得你很友善；往大里说，尤其是从企业角度说，诚信是一种责任与情怀。

所谓真诚，就是既要真实做人，用本色与人交往，也需用诚意打开别人的心扉，发自内心地关怀对方，为对方好。

相由心生，真诚的人，容颜也都散发着真诚的味道，让人喜爱，愿意亲近，也更容易收获友情、爱情和事业。

日久见人心，真诚的人总是会拥有更多的机会。

跨越寒冬，静候花开

我从小就非常喜欢花，因为它们向阳而生，用鲜艳的色彩带给人好的心情。

工作的繁忙，让我很难真正有时间去关注这些娇嫩的美好。偶尔，我会抽空到荷塘边散心，静静地感受这蓬勃向上的生命力。绿意映入眼帘，内心就立刻宁静。眼前的美景似乎在告诉我：你看，美好不就在身边吗？

就像花会开也会谢，我们的生活也不可能一帆风顺，对我们来说，这是破茧成蝶的过程，更是静待花开的过程。所有的不顺心都是暂时的，只要对生活充满希望，一切乌云都会散去，未来永远值得我们去憧憬。

眼下，我们的生活、工作遇到了一些困难，但身边的人都在主动担当、乐观面对，都在努力地去适应新环境、新挑战、新潮流。大家的目的，就是用热情去战胜困难，用正能量去为生活增添一些色彩。我始终相信，总幻想在生活里顺水行舟的人，他的终点只会在下游，只有敢于扬起风帆去和恶浪搏斗的勇士，才能欣赏到上游的无限美好风光。

总会想起《明天会更好》这首歌："唱出你的热情，伸出你双手，让我拥抱着你的梦……"它给人信心与温暖，鼓励我们团结向前，迈过沟壑，去探索、去发现、去创造生活中的无限美好。

就像花朵，盛放之前，必会经历冬天的凛冽。但，春天已经不远了。

苦难，磨炼我们的灵魂，提升我们的人格。把考验看作机会的人，才能在有限的人生中绽放光彩。

市场动荡，我们胆怯了吗？我们要不要向市场妥协，以保住大家的饭碗？我经常这样扪心自问，而每次我都会得出这样的结论：如果初心可以动摇，何以为初心？

读过稻盛和夫先生的著作后，更加坚定了我的意志。坚持信念，不懈创造，无论如何，也要成功，这是经营者的第一要务。

信念是一种力量，它支撑我们向困难和痛苦发起冲击。危机袭来时，作为管理者，更需要坚定自己的信念，同时坚定地向员工传达自己的思想。前方可能是一条艰苦的路，但，坚持这种思想，贯彻这种信念，前路必有曙光！

前进的路上，创造是一种伟大的力量，它是打破障碍的能量源泉。所谓创造，就是不间断地追求强烈而持久的愿景，不停地去探索新领域，努力去寻找那束照亮前行方向的光。

当我们迎来光明，我们会发现，坚定的信念，坚韧的意志，同舟共济，勇敢出击，其实就是对企业的承诺，是对所有人的关爱。

成功都要经过磨难。成功者的共同特性，就是那种坚韧不拔的精神。歌德曾经说过，没在深夜痛哭过的人，不足以谈人生。我们这一生，都在和痛做着抗争，扛过了，痛便是痛快。穿越痛苦的方法是探索它、经历它、理解它、吸收它，同时不要忘记，始终为自己点燃一盏希望的灯。勇敢的人，不是不落泪的人，而是愿意含着眼泪继续奔跑的人。

光明到来之前，一定是令人绝望的至暗时刻，需要我们燃烧全身的能量，克服困难，冲破障碍，一起向前！

成人的世界不缺鸡汤，只缺孩子气

众所周知，6 月 1 日是“国际儿童节”，而 6 月 2 日是“成人儿童节”，也许大部分人都不知道。

这是由成人绘本漫画作者慕容一刀（刀刀狗）、玖峰数码（悠嘻猴）、韩李李（阿拉兔）、黑荔枝（鸟少年）等联合花瓣网发起的网络倡议，目的是向成人传递“成人的世界也该保有纯真”的理念。他们认为，成人的世界缺少了童真，就意味着失去了最后一个“避难场所”，所以为了弥补这个缺失，特意将每年 6 月第一个星期六（也有说是每年的 6 月 2 日）设定为“成人儿童节”。

“成人儿童节”最适合用来告诉自己：要永葆一颗童心，无论时光怎样流转，无论外在环境如何变迁。当下在新冠疫情、经济、生活等多重压力下，人们肩上的担子越来越多，困难层层加码。利用这特殊的时刻，和亲朋挚友一起回忆一下童年，聊一聊小时候的童真与蠢萌出糗的事儿，实现一下童年愿望，以此来减压还是很有效的。

巴尔扎克的《欧也妮 · 葛朗台》里有一句话：“世界上没有

哪一种幸福，不是靠天真无知而来的。”成人的世界不缺鸡汤，只缺孩子气。孩子气这种东西，很宝贵，它是一种真诚，一种不世俗、不世故的坦荡；也是一种豁达，一种对生活保持热情的能力，是治愈生活最好的药。而如今，孩子气是现代人极度稀缺的一种能力，因为我们往往越长大就越追求“价值”。成人的世界里，很多东西都已暗中标好价格。比如社交，要分有效和无效；而孩子们的社交只论喜欢与不喜欢。比如情绪，要分场合合适和不合适；而孩子们只管开心或不开心。人总是越长大就越克制、越世故、越虚伪。所以当我们怀念童年时，怀念的也是那一份真实与率性。

当然，我们要想保持童真也需要有足够的能力和强大的内心。有足够的能力，才能解决因社会环境带来的诸多困难，不用被动地接受你所不喜的事物，而是可以主动拒绝；有强大的内心，才能经得住诱惑、受得了挫折、承受得了压力。人这一生注定要走向复杂，但请尽量保护好内心的童真。

现代人的生活节奏很快，这些年，很多人、很多企业为了生存与发展一直在努力、拼搏；在凛冽寒风中，扛着生存的大旗奔波、呐喊。很多人根本没有时间去美容、去健身、去旅游、去运动，只有会议、飞机、高铁、救火，以及推不掉的应酬公关！

在这种情况下，很多人多有抱怨，也有人累出了各种毛病，更多的人处于亚健康状态。

有人问我，你工作这么忙，压力这么大，怎么每次见到你，都是满面笑容、神采飞扬的？

其实，我是一个内心保留童真，也爱寻找童趣的人。减压的方式有很多，节假日去郊外的公园走走就是其中一种。公园里一个简单的小装置，能让我好奇很久；经过一组能自动打开的彩虹伞，我就会感到心情愉悦。

心情好，心才会宽；心宽了，心情也会更好。

我们要如何在繁忙的工作之余，找到生活的乐趣？有人说，工作是工作，生活是生活；也有人说，工作生活密不可分；还有人说，现在生活压力这么大，根本没有时间去玩，或者没有心思玩。而我觉得，工作需要成熟而睿智地对待，绝不可马虎，更不能松懈；但生活需要一点天真、一点童趣，才能保持心态年轻，始终充满激情。

时光一去不复返，我们的身体在成长，心灵也在成长。不过童年时的自己却一直留在我们的内心深处，不曾变化。保持一颗孩子般的初心，让自己回归真善美，人生会遇到更多的美好。

让我们一起变回儿童，大胆地过“六二成人儿童节”吧！让自己天天开心，无惧烦恼！

睡好觉，缓解焦虑，才能更好向前

经过几年疫情，很多人和事都受到影响，让大家的生活很不方便，尤其是做企业的，也许是史无前例地艰难。不少人难免会焦虑，睡不着觉，甚至抑郁。这个时候要学会笑对人生，坦然面对各种经营压力，认认真真干活，踏踏实实睡觉。

我的一个朋友总是很焦虑，为疫情、为经济下行、为各种不平事，每天都在怨天尤人。我经常开导他，希望他学会松弛，尽人事听天命，不过分纠结结果。就好比人生路上，遇见善良，学会付出；遇见微笑，学会分享；遇见坎坷，学会勇敢。

人生路艰难，但只要有笑对人生的心态，就有享受人生的能力。对于生活，我们需要一份全力以赴的热情，对待任何事情都应该尽力做好；同时也需要一份随遇而安的勇气，努力过、坚持过就好，至于结果怎样，有时并没那么重要。更何况，按照能量守恒原理，天道酬勤，付出了总会有回报，只是时间早晚的问题。

三毛曾说，如果有来生，要做一棵树，站成永恒。没有悲欢的姿势，一半在土里安详，一半在风里飞扬；一半洒落荫凉，一半沐浴阳光。非常沉默、非常骄傲，从不依靠、从不寻找。

睡不好觉的人，多半是因为焦虑。而心态放松对保持好的睡眠是非常重要的。如果心如鹿撞，脑如闪电，即使再安静的环境里也不能入睡。

我的睡眠一直都很好，再大的事情也是想完就放下，倒头就睡，睡起来再干活。晚上 10 点以后尽量不想工作，放空自己，进入睡前准备，比如焚香、沐浴、冥想、放轻松助眠的音乐等。我也很注意房间是否安静，窗帘是否遮光，或者是否准备好了眼罩，床垫软硬和枕头高矮是否适宜，被子厚度是否符合季节温度，等等。

总结一下，后疫情时代，三样东西有助于缓解焦虑：希望、睡眠和微笑。如果累到支撑不下去的时候，保一份希望，好好睡觉。如果睡不着，就想，反正现在银行也不开门，客户也都睡觉了，再着急也没有用，就数星星吧！用微笑去拥抱枕头，明天一定会更好！

就像《乱世佳人》里郝思嘉说的：“睡起来，明天又是崭新的一天。”

包容的心，必定是欢喜的

倩得薰风染绿衣。国香收不起，透冰肌。略开些子未多时。窗儿外，却早被人知。

越惜越娇痴。一枝云鬓上，寻人宜。莫将他去比荼蘼。分明是，他更的些儿。

——辛弃疾《小重山·茉莉》

盛夏时节，当清晨的第一缕阳光从窗户爬进来的时候，那嫩嫩的叶子上便会闪着绿色的光泽，流露着盎然的生机。一朵朵茉莉花像是一片片纯洁无瑕的雪花，幽幽的花香让人心醉不已。自古以来，人们对茉莉钟爱有加，才子姚述尧赞美它“天赋仙姿，玉骨冰肌”，说它是水宫仙、月宫子、汉宫妃。对于茉莉花茶，苏东坡颂佳茗“骨清肉腻和且正”。

一为“天香”，一为“佳人”，当淡雅“天香”邂逅朴素“佳人”，孕育出的就是茶中珍品——茉莉花茶。

窨得茉莉无上味，列作人间第一香。茉莉花茶的香，大俗大雅，即便不懂茶的人，也很容易喜欢上它。大暑中，沏上一杯茉莉花茶，翻开桌前的书卷，在水的灵性和茉莉花的芬芳中滋养心灵。百味掺杂之中，品味不苦不涩的那份甘甜、那种感觉，一如做人般婉转淡雅。

茉莉花茶是一种包容的茶，当它一次次滋润我的口、我的喉，乃至整个身体，心灵也随之豁然开朗。色类自有道，各不

相妨恼。原来世间所有，均是相交且相容的。

人与人的相容，必定各有各的滋味，就像茶与茉莉花在包容中散发出各自的味道。品这一盏茶，亦如在体验心灵的海纳。

杜甫说：“花径不曾缘客扫，蓬门今始为君开。”骄阳、浓荫、一杯清茶，让我们感悟生命的智慧。看着杯中的茉莉花向上翻涌，舒展着身躯，这一刻，什么都可以想，也什么都可以不想。一定要做的事，一定要说的话，现在都可不理，只需体会生活的自然，与他人的相容，体会其间的充实和趣味。就像这杯茉莉花茶，在杯中无尽地释放自己，用温暖的胸襟去拥抱身边的美好。

对的时间，对的地点，以最纯粹的心，慢慢地煮水、刷壶、放茶、倒水、出汤……茶，可不必是旷世之茶，心喜就好；水，可不必是极品之水，干净就好；器，可不必是名贵之器，顺手就好。难得的是，烦恼都会随着茶香散去。再低头看杯中的花和茶，它们正各自绽放出质朴素雅的容颜，大气、沉着、包容，在水中一览无余。

包容的心，必定是欢喜的。

第二章

管理是一种大格局

企业如何冲破信息茧房？

尽管天天上网，但大数据投喂给我们的都是同一类型信息，甚至是同一观点的信息。互联网制造信息海洋，但“算法”和“自我选择”却在编织着信息茧房。

“信息茧房”最初是桑斯坦在《信息乌托邦——众人如何生产知识》一文中提出的，意指在信息传播过程中，因公众自身信息需求并非全方位的，只注意自己选择的和使自己愉悦的领域，久而久之，会将自身像蚕茧一般桎梏于“茧房”中。

信息茧房是凶险无比的思想陷阱。落入其中，会丧失理性思考能力，思维被禁锢，变得故步自封。

企业经营也易出现“信息茧房”现象，很多高层管理者远离业务、远离用户、远离基层员工，听着汇报，看着PPT，还有被筛选过的媒体报道，依据这些报喜不报忧的信息来做决策。

聪明的下属开始改变行为模式，停止思考，按指令实施。老板想看见的就一定能看见，想发生的就一定会发生，形势不是小好，而是大好。这样“听话就能受重用”的“伪执行力”文化，却被冠以“价值观”的美名。在这种规则的选择下，老板得到的建议，都是加强自己本来意见的正反馈。

这样的公司不出问题才怪。这并非管理者的决策能力下滑，而是信息严重不对称造成的决策基础坍塌。管理的关键是决策，决策的关键是信息。管理者要有足够的眼力、自知力和机制设计，才能避免信息失真的情况发生。

如何打破“信息茧房”？最有效的方式就是学习，只有深刻的逻辑才能颠覆原有认知，打破思维定式。

管理者要有掌握接受信息方式的主动权，防止被大数据推送系统控制。要相信“自己的脑袋比电脑好使”“人比机器人聪明”，独立思考并从网上获取信息，不要变成被机器控制的“机器人”。

稻盛和夫先生说“答案在现场，现场有神明”，要保持自己对信息真实性、全面性的把握和判断，要有直接面对客户和生产一线的机制，有强烈的用户思维，时刻以用户为导向，才能真正赢得市场。

要多渠道接受多维度信息，防止信息的单一性、片面性。“兼听则明，偏信则暗”，只有广涉多种渠道的各种信息，拒绝做“信息偏食者”，多角度、多层次获取和印证信息，才能防止偏听偏信、上当受骗。

要重视人才选拔，贤者上、平者让、庸者下。选拔人格厚重、做事执着之人，让无能且喜“投喂”讨好上司的人没有立足之地。

企业管理的生物学思维

生物多样性是地球上生命经过几十亿年发展进化的结果，是人类赖以生存的物质基础。为保护全球生物多样性，联合国将5月22日定为国际生物多样性日。

由生物的多样性、生物的进化，我联想到企业经营。以前我认为活下去是企业初期的任务，后来发现活下去是企业发展的最大动力，尤其是现在经济下行、市场不景气、疫情没完没了时，企业最主要的战略方向就是：活下去，穿越周期，迎来春天。

企业经营也要构建生物型组织，才能让企业基业长青。经济学家提出，通过管理将第一曲线主业务极致化；在第一曲线破局点到来之前通过分形创新长出第二条曲线，并且依靠管理把第二曲线做上去。第二曲线是长出来的，是对第一曲线的夯实。无论长出来多少第二曲线，它们的底层逻辑是具备“自相似的同构性”。

按照这样的逻辑，我们在地产形势好的时候，将地产业务做到能力所及的极致，拓展多个片区，产品线也逐步丰富；同时，我们又以企业积累投资教育和医院，尤其是教育，将一所职业大专办成了职业本科大学，超万人的学生规模，在业界有很好的声誉；我们又在此基础上尝试进军养老行业。

我们试图以这样的多样性、这样的迭代升级，保证金侨基业长青。

进行企业管理时同样要有生物学思维，即错误共存和风险共存。只要有效，不求精确，这是所有成功物种的常态。在搭建组织和产品创新时，应遵守创造生物型组织的“灰度法则”，就像允许进化中的变异一样，允许“不完美”。

随着时间的推移、年龄的增长，我已经能接受“不完美”，这也是我们不断提高修为和追求进步的动因。

物理学的方法是先搞清楚原理，再改正错误，正本清源。而生物学的方法就是在各种环境突变中生存下来，只要能穿越进化剪刀，就是适者生存，至于是不是已经完全没有 bug，并不重要，生物学也不关心。生物学中的遗传与变异，其实就是一边保持稳定，一边在波动中寻找机会；一边是个体死亡，一边是种群进化。对应到企业，就是一边是环境恶劣，一边是生命更强大。

当下，企业更应该模仿自然界，模仿进化剪刀，在各种极端的环境中生存下来。

活下来，就是好样的！

从《论持久战》所想到的

1938年5月26日至6月3日，毛泽东在延安抗日战争研究会上做《论持久战》的讲演。

《论持久战》是中国共产党领导抗日战争取得胜利的纲领性文献，抗日战争的实践，充分证明《论持久战》中的预见是完全正确的，是符合实际情况的。

在经济下行、疫情肆虐，在这样一个特殊时期，我们每一个人，无论是企业家、创业者、投资界还是普通的工薪阶层，都可以读一下《论持久战》，它阐述的抗日原理同样适用于创业、工作，甚至人生。

在企业管理中要有“持久战”的精神，战争胜利的力量存在于民众之间，企业想经营成功也要高度重视人的问题，不能重物轻人，更不能见物不见人。

人的问题是人心、人力、人才、人气的问题。做到人心所归、人力所聚、人尽其才、人气兴旺，就没有什么解决不了的困难。

抗日战争是“积小胜为大胜，以空间换时间”，企业管理也要有长期计划与短期计划，面向未来的发展，也重视眼前每一点进步。

经营企业更要有革命乐观主义精神，有长期主义精神，尤其是现在外部环境非常艰难，就像当年的抗日战争，既不可能速胜，也决不会“亡国”，而是一个持久的过程，需要积极面对现实，长久地坚持。一个人和一个企业的伟大，是需要经历苦难的。在艰难的时代，你能比别人多站起来几次，你就能带领团队奔向希望。

疫情终会过去，阳光总会到来。眼里有光，迈开脚步，你将走得更远。

稻盛和夫的人生智慧永远在

稻盛和夫走了，时年 90 岁。

生命有长度，更有宽度。稻盛和夫留下许多精神财富，活出了生命的长度与宽度。

52 岁前创办两家世界 500 强企业；65 岁得癌症，放下公司所有业务，出家去寺庙修行；77 岁出任即将破产的日本航空公司会长，提出“积极面向未来，让工作快乐起来！”，带领员工只用两年就扭亏为盈，并重返世界 500 强，之后又挥别辉煌再度归于寂静。

世上有几个人能像他这般，既有着超人的能力，也有超脱的心态？需要怎样的修行才能达到如此的境界？

在他的著作里，有很多很好的经营理念以及人生智慧，浅显易懂亦很实用。

比如，稻盛和夫将人分为三种类型：一是不燃型——点火也烧不起来的人；二是可燃型——点火就着的人；三是自燃型——没人点火自己就能熊熊燃烧的人。在他眼里，自燃型的人，热爱工作，像谈恋爱一样，充满激情，不会觉得累，也不会觉得痛苦。

比如，稻盛和夫说："劳动的意义不仅在于追求业绩，更在于完善人的内心。"他分享了一位木匠师傅的话："树木里宿着生命。工作时必须倾听这生命发出的呼声——在使用千年树木的木料时，我们工作的精湛程度必须经得起千年岁月的考验。"这位 70 多岁的木匠，只是小学毕业，几十年只从事过这一项工作，这样的经历孕育了他厚重的人格。稻盛和夫告诉我们，工作不但能提高人的能力，更能培养人的担当和责任感。

比如，稻盛和夫认为，只要热爱工作，只要抱着纯粹的动机、强烈的愿望，付出不亚于任何人的努力，就能感动上帝，获得天助。他分享自己的亲身经历：有次他研究如何让"镁橄榄石"成型，但一直找不到合适的方法。有一天，他一边想这个难题，一边走进实验室，突然被某个容器绊了一下，差点跌倒，一看脚下，鞋子上沾了松香树脂。正当他想问谁把容器放在这里的时候，突然一个念头在脑海中一闪而过——“就是它！”将松香树脂作为黏结剂的实验完美解决了问题！他把那一刻称为“神的启示”，但实际上，如果不是他全心全意想着工作，那么即便神迹降临，他也不会发现。

比如，稻盛和夫说：“想要拥有充实的人生，你只有两种选择：一种是‘从事自己喜欢的工作’，另一种是‘让自己喜欢上工作’。”因为，“拼命工作的背后隐藏着快乐和欢喜，正像漫漫长夜结束后，曙光就会到来一样”。

如果诸葛亮不会草船借箭

我先生很喜欢《三国演义》，他的很多经营思路灵感都来源于这部书。

我们在家时常对此进行探讨，他还出题让我和儿子写心得。有时我们会讨论一些话题，比如：蜀国是三国里资源最差的，但刘备的人才是最强的。没有箭，诸葛亮知道草船借箭；没有多少兵，关云长一个人过五关斩六将；敌军追来危在旦夕，“猛张飞”据水断桥吓退曹兵……靠着这样强的军师和义弟们，蜀国与魏国、吴国鏖战几十年。

老板们都希望自己的手下有想法、有办法，有条件上，没有条件自己创造条件也要上。最初赵云手下只有 20 名士兵，军令却要他攻打城池，他自己招兵买马，连连获胜，最后打下 10 座城池，手下兵力 2 万、马匹三千。

11 年前，我先生要我去天津再“造”一个金侨，就用这些故事鼓励我。当时，给我的只有一块金侨的招牌，三四个员工，不多的资金。在一个完全陌生的城市，我们自己找项目，自己融资，在当地招聘员工。困难当然很多，因为不熟悉当地情况，第一个项目我们花了近两年时间才开盘。在后面的每个项目开发中，都会有各种各样的问题。也许有100个理由退缩，甚至退出天津市场，但我们都扛下来了。

10年过去，我有了近200名员工，业务涉及开发、建设和物业全链条，项目遍及武清、红桥、北辰等多个区，又进军河北省，在当地有了一定的美誉度。

有了天津的开发经验，我们又进入华南地区，在广州和深圳开发项目。我们的经历说明，只要有勇于开拓的精神和正确的做事逻辑，在任何城市、任何行业，都可以打出一片天地。

有时我也会想，如果诸葛亮不会草船借箭，那他就没有价值了，当然也不会成为千古传颂的宰相。

就像以前听过的一个故事：某农夫一无所有，一善人送给他一头牛，让他种地致富。农夫开始时还兴致勃勃地耕地，可后来发现很辛苦，而且一时也看不到希望，就想来个见效快的。他卖了牛，买几只羊，吃一只，剩下的准备生小羊去卖。可是，羊生羊也没有那么快，农夫等不了，又吃了一只羊……直到吃得只剩一只羊了，他又把羊卖了，买了几只鸡，准备让鸡生蛋赚钱。但鸡蛋很便宜，转不了多少钱，农夫的日子还是很艰难，于是忍不住杀鸡吃，终于杀到一只不剩。一年后善人来看农夫，牛不见了，农夫依然一贫如洗。

人最可贵的是有理想，还要有不顾一切的闯劲儿，如果只想走捷径甚至坐享其成，即使上天给你一头牛，你也守不住这头牛，无法取得成功。

现在市场行情不好，我们是不是要多学习一下草船借箭的诸葛亮、过五关斩六将的关云长呢？所谓“艰难方显勇毅，磨砺始得玉成”就是这个道理吧。

《西游记》里的管理之道

四大名著里，我最爱《西游记》。虽然它是虚构的故事，但藏着许多有趣的企业管理之道。

说起企业管理，这师徒四人可是从下面这四点给我们好好上了一课：

第一，有一个好的领导者，唐僧虽然看似文弱，却有着坚定的信仰、高尚的人品、菩萨的心肠，虽柔却有韧性，且能包容下属，宽以待人，严于律已，是一位有人格魅力的领袖人物。

第二，明确的目标和执着的坚守。唐僧拿了天使投资，通过熟人推荐组成了团队，踏上了取经创业之路。我要说的是，领袖是企业文化的传承者和传播者。为团队设定目标，并以身作则，带领团队坚定不移地向目标奋进，是一个领袖的必要素质。

第三，确定团队的人才结构和各类人才的角色定位。唐僧是团队的核心，孙悟空战斗力爆棚，猪八戒有着积极乐观的态度，沙僧始终脚踏实地、任劳任怨。成熟的团队，就是这样一支由各具优势、性格各异，又相互弥补的人才构成的队伍，这样的团队结构，是企业能正常运行的保障。

第四，刚柔并济的领导风格。其实，如果没有紧箍咒，估计唐僧早被孙悟空一棒子打死了。那个紧箍咒，代表了领导必备的权威。

但是，唐僧从不滥用自己的权威，只有在涉及大是大非的时候，才会念紧箍咒。我们现实中的领导也该这样，平时要多与下属交流、沟通，关心团队成员的衣食住行，塑造一种家庭的氛围，成为员工的贴心人，这是领导的基本艺术。

第五，有了权威，还要拿出真材实料的激励。物质激励方面，取经前，观音赐给唐僧锦襕袈裟、九环锡杖；取经过程中，观音又给了孙悟空三根毫毛，遇到妖怪，神仙们还随时会提供各种法器相助。精神激励方面，取经团队得到了承诺，完成绩效目标后，会得到相应的晋升。这就相当于让员工看到了光明的未来，从而有动力与企业共同前进。

第六、西天取经成功有贵人相助。唐僧取经有如来佛祖、观音菩萨等的保护庇佑，当时是有神力相助，放在现在，是有贵人相助，方得成功！

《西游记》是神话故事，但企业管理，绝不存在什么神话。每个成功的领导，都是通过日常的一点一滴与团队融为一体，与员工心手相连，一步一个脚印，共同努力塑造企业的辉煌。

分工明确，身先士卒，看王熙凤的管理精髓

王熙凤出生在四大家族的王家，但是她在王家的地位并不高。后来她嫁到贾府之后，依靠出色的管理才能和协调能力，深得贾母的信任和支持，使她独揽贾府的“话事”大权。

如今，我在管理岗位上重看《红楼梦》，才发现王熙凤的管理能力真的是非常强悍。

王熙凤在管理中的杀伐果断，这点很难能可贵。很多人在管理岗上磨不开面子，讲裙带关系，自己定好一套制度但执行起来因人而异。这是人性上的短板，这样的人不适合做管理。用秦可卿的话说，王熙凤是胭脂粉队里的英雄，连那些束带顶冠的男子也不如她。

王熙凤最经典的管理案例就是给秦可卿发丧。王熙凤在丧礼上管理荣宁二府，人数超过千人。能把丧礼做得有条不紊，统筹有序，说明其对事务先有观察、思考，其次能找出问题，最后能给出解决方案。绝不像某些管理者一样，以战术勤奋掩饰战略懒惰。

在执行方面，将众家媳妇一一过目询问审视，看各自适合

做何种工作，可谓是人尽其能、物尽其用。

同时制定了责任到人的机制，还规定了上下交接班时间和考勤制度，要求各组按工作所需物资计划执行，预算、财务、仓库等流程安排得明明白白。经过这一系列的整顿改进，人人工作职责明确，目标清晰，一改先前的混乱局面，并有条不紊、秩序井然地开展工作，实现了自动运转。

另外，王熙凤能够身先士卒，每天凌晨五点到岗，上午和管家审批任务流程，下午监督检查二次审核。做领导的这么拼，整个企业的人也必然都会跟上。

王熙凤还紧紧抓住了宁国府的核心业务，即授权和审核，以保证各项工作得到彻底落实。她将执行、记录和保管等环节分配给不同的人，形成了互相牵制的监督机制。为了立威，她严惩第一个挑战制度的下人。如此一来，“众人不敢偷闲，自此兢兢业业，执事保全，不在话下”。

其实，曹雪芹在《红楼梦》中为我们展示了许多精彩的人生片段，其中包括几个经典的管理案例。如果我们将时空的卷轴拉开，把这些管理案例连接在一起，就能描绘出一套完整的组织管理体系。

学会管理，躲开三国群雄们踩过的大坑

我觉得，在《三国演义》里，刘备是一个非常优秀的领导者。

首先，刘备“素有大志”，这是历史上所有杰出人物的特点。俗话说：下棋看三步。“大志”就是看到本质，看得长远，与时俱进。凡是不符合社会发展方向的志向，终究会被历史证实是错误的。

其次，“喜怒不形于色”，按现在的话说，是可以控制自己的情绪，也就是情商高。“寡言语”也是刘备的一个特点。

再次，“英雄不问出处。”一个人的出身是无法选择的，但是，走什么样的路，取决于自我的意愿和意志以及智慧。出身低不可怕，可怕的是思想贫穷，可怕的是意志薄弱，可怕的是没有改变自己的决心。

最后，“好结交天下豪杰”，这是刘备的特点，也是历史上所有杰出人物的特点，即所谓英雄识英雄，英雄惜英雄。

参照刘备的模板，我们可以发现一个杰出领导者必须具备的四个特点：第一是有大志；第二是情商高，即善于控制自己的情绪；第三是意志坚定；第四是好结交天下豪杰。

另外，我还发现了三国里很多领导的“硬伤”，值得我们深思。比如诸葛亮的凡事亲力亲为、曹操的多疑误事、关羽的骄傲草率、张飞的急躁鲁莽、马谡的刚愎自用、周瑜的心胸狭窄、徐庶的遇到挫折一蹶不振，这些都是领导日常管理工作中的大忌。

以史为鉴，躲开这些古人帮我们踩过的大坑，可以让我们把企业管理得更好。

当你把职业当成人生最美好的事情

周末公司开会，有年轻人抱怨周末加班不开心，我有感而发。

作为一名“70后”职业人，我们这一代人包括生于20世纪五六十年代的人认为，理想信念是刻在骨子里、流在血液里的东西，职业生涯是最重要的，比生活更重要。所以，我们这代人常会把5加2、白加黑、007挂在嘴边。而“80后”“90后”，尤其是“00后”，他们更注重自我感受，更注重生活质量，这都可以理解。尽管如此，还是有很多可以传承的东西。

比如，有人采访董明珠：现在《我的阿勒泰》很火，很多人都羡慕休闲生活，你对你的员工是怎么要求的？董明珠说，你可以打辞职报告回去休闲呀！幸福是来自内心的，躺平和奋斗都是自己的选择，像我三十几年没休息过，是吃亏了还是收获了？

比如，在地产最困难的时候，杨国强把早已接班的杨惠妍推到旁边，自己老将上马，以一己之力，托起碧桂园，度过最艰难的时刻。

我们这一代人都有革命英雄主义情结，会为老一辈无产阶级革命家骨子里的家国情怀所感动，不奋斗，勿宁死。每每听到国歌奏响，我们都会心潮澎湃，激动不已，甚至热泪盈眶。放在自己的企业里，自己的事业中，亦是如此。

我们这一代是吃过苦的，20 世纪 70 年代物质不丰富，水果很少吃，漂亮衣服更是没有；80 年代开始创业，一路摸爬滚打，披荆斩棘，百折不挠。我们骨子里或多或少都会有湖湘文化中的高贵品质，追求理想时坚忍执著，面对困难义无反顾。

而年轻一代，特别是“80 后”“90 后”的独生子女，从小到大都是父母精心安排，糖水里泡大，基本上是要什么就有什么，读的书比较多，享受的物质也比较多，见过的世界也大得多，但是吃过的苦受过的挫折比我们少得多，因为被大人宠大，自我意识都很强，什么都不按常规出牌。

当然，我们原来以为“80 后”会垮掉，但是他们不但没有垮，反而成为了各个行业的新标杆；后来以为“90 后”会垮掉，也没有。相信，“00 后”更不会垮掉。只是，虽然一代人有一代人的担当，一代人有一代人的活法，但我们还是希望优秀文化和宝贵的精神能够得到传承，把美好传递下去。特别是学习老一辈无产阶级革命家的精神，把职业当成生活中最美好的事情。相信，这样一来，emo 的人会少很多，忧郁症的人也会少很多。

我们一生中至少有三分之一的时间在床上度过，还有至少三分之一的时间在工作，如果你不快乐工作，那么你就会有三分之一以上的时间不快乐。所以，我们都想有一份令自己快乐的工作。如果工作不是那么快乐，也要想办法在工作中找到自己的乐趣，把工作当成自己生活中最美好的事情。

愿美好生生不息！愿一代更比一代强！

职业女性如何克服职业短板

经常会有女同胞问我如何保持旺盛的精力，感觉我每天都有使不完的劲儿。

其实，女性要成功还是很不容易的，这是一个不断修炼的过程。

职业女性有其特点，比如有十分敏锐的直觉，能感受到周围环境很细微的波动、潜伏的暗流或风险。女性运用直觉思维开展工作有着独特的优势，更容易把握商业契机，获得新的发展机会。比如亲和力好，更强调关系的和谐，注重情感的交流、沟通，以及团队的合作，在任何一个组织中，都需要有女性作为粘合剂。女性心思较为细腻，考虑问题、制定计划和方案时更加具体、细致、周全、切合实际、易于操作，所以也就更容易被理解、接受和执行，这对于很多对细节有特殊要求的工作和岗位而言，优势特别明显。女性的协调、平衡能力要比男性强，女性能够依靠自身亲和力和沟通能力强的优势，协调复杂的事情，有效地增强团队的凝聚力。女性承担着家庭、社会双重的负担，使女性与男性相比更具有自制力、忍耐力以及抗挫折力，特别是在处理一些较为枯躁、细致的重复性工作时往往比男性更有耐心。

当然，职业女性亦有短板。

由于长期生活在相对强势的男性环境里，女性往往缺乏自信，有时甚至会产生自卑心理，这成为女性在职场中成长与发展的最大障碍。

由于女性需要承担的经济压力、社会责任不及男性，因此女性进取心不足，遇到困难容易妥协。

由于女性对事情的理性判断能力相对较弱，又过于在意别人的感受和评价，或者过于注重完美和平衡，处理问题时往往不够果断和坚决，常常举棋不定、犹豫不决、缺少主见。

女性所承担的各种社会角色之间的冲突比男性多，女性受家庭事务拖累较大，难以找到家庭和事业的平衡点。另外，女性固有的生理周期导致的心理和情绪周期，以及女性的孕期、产期和哺乳期直接导致了其职业生涯的中断。

女性情绪控制能力相对较弱，而且情绪易外露，这会导致情绪化反应和无依据评断等现象，碰到问题时往往不够冷静和理智，很少从问题的本源出发做出理性思考和科学决策。

女性思维比较感性、单一，往往较难上升到理性思维的层面。面对新情况新问题时，由于害怕承担创新所带来的风险和后果，往往墨守成规或徘徊观望，其创新能力大多不如男性。

女性比较注重细节，但有时候计较得过多，对一些小事情往往抓住不放，缺乏包容和大度。

女性容易满足于现状，对未来的预测能力相对较差，缺少长远的眼光，会较多顾及眼前利益，很少做出战略性的让步。

职业女性若想在充满竞争的职业环境中少走弯路，获得成功，就必须不断地进行自我改进，克服劣势，发挥优势。然而令人遗憾的是，许多人走进了这样的误区：一是过分强化男性化特征，一心想做“女强人”；二是过于强调女性化特征，主张女性回归家庭；第三是没有把工作与生活分开，最不明智的是用管老公的方法来管自己的员工，或者把生活中的情绪带到工作中。这些显然都是不对的。

研究表明，目前高层管理者中女性所占的比例之所以较低，更多的是因为女性信心不足或者社会传统观念给予女性的压力，而不是因为女性在实际能力上与男性有多大差距。因此，只有自信，才能赢得别人的尊重和信任。而认识自我、了解自我、客观评价自我是提高自信的基础，也是成功的关键。具体来说，一要恰当地认识自己，而不是苛求自己；二要正确地对待成功和失败，经得起挫折的考验；三要正视自己的短处，既努力扬长，更注意补短；四要收起自己的柔弱，克服心理弱点，树立自立自强观念，培养积极的心态，激发自身潜能，相信自己有能力战胜困难。

对于职业女性来说，培养主体意识，增强管理活动中的独立性，减少依附性是非常重要的。一定要摒除眼界窄、依赖心强、小女人心理、胸襟不开阔、斤斤计较等弱点，做到有主见、有魄力、有胆识、有理智、敢决策、包容大度、不慕虚荣。

女性同胞可以尝试以男性视角考虑问题，做大女主，不做小女人。不讲家长里短，不议论是非。要不断修炼。培养积极的情感，克服消极的情感。

女性在事业上要想有所成就，在具备女性的温柔、细腻、富于情感等优势的同时，应有意识地改变以往优柔寡断、处事不决的形象，学习男性的刚强、果断、意志坚定等优秀品质，将女性的魅力和智慧与男性的意志和魄力融于一身，达到以柔克刚、刚柔并济的效果。

知识是解决问题的武器。只有不断地学习，才能寻找到领导能力提升的突破点。职业女性要努力学习现代管理知识，并不断总结工作中的管理经验，提高科学决策能力。

人生的艺术，也可以说是平衡的艺术。职场中的女性，不仅要学会平衡诸多社会关系，还要学会平衡职业与家庭，和谐的家庭永远都是职业女性坚强的后盾。社会赋予女性的使命是非常复杂的，一个职业女性，同样必须是一个好妻子，好母亲，才有可能体会到成功的喜悦和生活的幸福。

做全人格的管理人才有多难？

曾经请一位知名的教育学家给公司中的高管们做过一次培训，主题是如何做一个全人格的管理人才。

他说，任何一个工作都是全人格参与的过程。以司机开车为例，司机会把握方向盘、会加油、能刹车，这都是表面现象，技术背后存在的是注意力分配的问题，还有责任心的问题，这是司机全人格参与的过程。全人格中有两个最基本的要素，一是精神，二是能力。任何一个人都是全人格接受社会的选择，任何一个人都是全人格在社会上竞争。

什么是全人格的管理人才？简而言之，就是能够站在全局角度考虑问题，从全局出发解决问题的人。

在座同事们都感觉受益匪浅。对号入座，每个人都能找到自己的弱点，也终于明白为什么以前在工作中处理问题会出现这么多偏差。我们往往习惯以微观看待宏观，从局部替代全局，自信满满地处理很多问题，但也造成了很多问题。

很多人豁然开朗。原来在当时认为很正确的选择，几年后发现出问题了，是因为我们没有从宏观上、全局上进行分析把握。很多在微观上正确的东西，放在宏观上，就不对了。

有很多东西，从当时的认知来看，是再正确不过的，但从更长一个时间段来看，也是有问题的。这是认知方面的问题。还有一个就是事物的全面性问题，每个人都不是完人，如果你把自己看得很完美，而把别人看成假想敌，判断也是会出偏差的。

当然，最后还有一个处理方式的问题。即使事情真的是有问题，处理起来也要从全局把握，要看当时的情况适不适合这样处理，处理完以后会不会有什么影响，等等。

做全人格管理人才说起来容易，做起来却很难。自己的认知总是有限的，获得的信息也是有限的，面对的问题又层出不穷，偏偏问题出来又急着解决。努力提高自己的认知，多吸取各方意见，从更高层面去考虑问题，或许能在工作中少踩一些雷。

我和先生在2001年拜访过王光英，当时，我先生请教他如何管理企业。王光英说，人性是最不好琢磨的，过严过宽都不行。管理时要格外小心，要睁大眼睛，小心求证。这句话对我影响很大。之前总觉得管理企业如履薄冰，稍不留神就会掉进一个陷阱里。古人云，用人不疑，疑人不用，是要我们充分相信所用之人。而现实生活中，当你过于相信一个人时，他有可能会辜负你的信任，当面一套，背后一套，搞很多小动作，甚至背叛你。而当你不信任所用之人时，他不会发挥他的全部智慧和能力，很多事情做不到位，很容易延误最佳战机，丧失绝佳的赚钱机会。很多企业家都感叹，很难找到合适的人才，而职业经理人也常抱怨，千里马常有，而伯乐不常有。总之，我们需要做一名全人格的管理者，才能掌控好公司，把握好机会，赢得人才，赢得市场。

物理学家说，我们了解到的世界，还不到百分之五。我们只看到自己视线范围内的物体，永远看不到自己的后脑勺。但看不到不等于不存在，所以，对于我不了解的事情，我从不妄加评论。对于看上去很糟糕的人，我也会先选择相信与谅解。

有时候不急着下结论，让子弹飞一会，也许更好。

看电视剧《传家》，谈生意经

看了几集电视剧《传家》——于正《延禧攻略》的班底，秦岚、聂远、吴谨言和刘均主演的，讲述了民国期间上海百货公司商人易兴华一家的故事。

剧中人物都是生意人，自然有对生意的探讨。大小姐钟灵说："做生意，做生意，着眼是个'意'字，人要立得住，口要张得开，懂得用心思。"父亲易兴华则说："什么是生意人？会做买卖，懂得出奇制胜这还不是真正生意人；宽厚待人，和气生财，这生意做得才长久。"

做生意就是经商。在有些人眼中，做生意难免有铜臭味。

其实，"生意"这个词并不庸俗，它是一个蕴含着希望、力量与浪漫的词语。

"生意"最早出现在古诗词里，更多地指向生机、活力与生命力。生命力，即生长发育的活力。如《晋书》卷九九《殷仲文传》："此树婆娑，无复生意。"宋代张栻《立春偶成》："……春到人间草木知。便觉眼前生意满……"元代宫天挺《死生交范张鸡黍》第一折："阴阳运，万物纷纷，生意无穷尽。"

“生意”最早用于指代经济活动是魏晋之时，后来明清小说中把经商活动称为“做生意”，这个词语才开始普及开来。如《二刻拍案惊奇》曾提及：“我自到市上做生意去，晚来讨消息罢。”《西游记》第一回：“假若我与你去了，却不误了我的生意？老母何人奉养？”《老残游记》第五回：“老董在各处算饭钱，招呼生意，正忙得有劲。”

就字面而论，生意讲究“生”存的“意”志。用以比喻交易买卖，意义特别深刻。闽南语中称买卖交易为做“生理”，意指做买卖的人，如果不用脑筋、不勤劳、不吃苦，只贪图安逸，定万无生理。既有“生”存的“意”志，又懂“生”存的道“理”，才能生存下去。

生意的“意”内涵丰富，可以是意志，企业成功大多是创始人意志的胜利；可以是创意，一切行业都可成为创意行业；可以是意义，越来越多的创业者启动项目已不是为改善生活，而是为了实现完善生命，为了个人价值与社会价值……事物的本身是不变的，变的只是人的感受和解读。

从小生意到大买卖，再到企业经营；从生意人到商人，再到企业家，事在升级，人的思维模式亦要迭代，人的格局胸怀更要放开，才能做得了大生意、经营好大企业。说到底，人都是在一个大系统里，谁也不能关起门来独善其身。做企业尤其如此。

《传家》传下来的不只是买卖，不只是生意，更多的是一种不畏困难、勇于创新的精神，一种敢于担当的气概，一份舍小利顾大家的家国情怀。

敢想敢干还要皮厚才能走到最后

人生是一场马拉松，漫长又艰辛。

做企业，跟人生一样，也是一场马拉松，你不去做、不去走，光想是想不明白的，只有做了才明白。没有企业是完美的，没有人是完美的，也没有道路是完美的，每条道路上都充满了荆棘。遇上荆棘还好，最多就是刮伤，最怕的是遇上各种坑、各种陷阱、各种沼泽地，也许陷下去，人就没了。但是我们都不能因噎废食，因为有困难、有危险就停滞不前。

我妈妈以前老跟我说："有什么事，干着说，不要怕起步。"这也培养了我敢想敢干的性格。

后来，做董事长的先生告诉我："一旦看准了就要去干，在发展中解决困难和问题。"我们学校的谭长富校长经常说一句话："抓住一个机会，登上一座高峰；失去一个机会，落后一个时代。"

我们当年投资办湖南软件职业技术大学（当时叫湖南软件职业学院），很多人都不看好，都觉得我们办不好。但是，我先生任玉奇就很坚持做这件事。他的理由，一是中国需要职业教育，这是朝阳行业，值得做；二是我们做房地产的有一定积累，有投资能力；三是虽然我们没有搞过教育，但是我们可以请专家、专业人才来做。

前期调研花了不短的时间，但最后决定投资时，我先生只用了几天时间。就是这几天，改变了集团的经营模式。

在其后的建设和办学过程中，我们虽不说是像唐僧取经经历了九九八十一难，但也可以说是掉了几层皮，其间过程并非容易。但不管怎么说，今天回头看，办学取得了巨大的成功，也真正实现了集团的双跨模式。

我很佩服我的先生任玉奇的敢想敢干。

很多人都将精力浪费在自我心理损耗上，浪费在患得患失上，浪费在漫长的心理建设上，按能量守恒定律，真正干事的精力反而少了；按二八定律，也许百分之八十精力用在准备去干上，仅有百分之二十精力用在真正干上。

康德曾说："一个人的缺点来自他的时代，他的美德和伟大却属于自己。"我们选择不了出生的时代，但是可以选择成为什么样的人、做什么样的事。

像我们这种做企业能走出来的，没有一个皮是不厚的。皮嫩的，怎么披荆斩棘？做企业就是要一路打出来。所以很多东西，要去做；在做的过程中总结经验。

成功的原因很大一部分在于选择的正确性，所以，敢想敢干也需要有基本的选择逻辑。你要做一下评估，分析外部及内部条件能否支撑60%的成功率（因为高于60%的成功率，选择的人会更多，竞争会更激烈），这是不至于掉到沼泽地里的前提和基础，其他就要靠自己及团队的努力和拼搏了。

要敢于做，还要坚持做。一个月能成功的事情，大家都能做；一年能成功的事情，做的人会少一些；要五年才能成功的事情，愿意做的人就更少了；如果做一件事情要十年才能成功，基本上就没人跟你竞争了，就像我们举办湖南软件职业技术大学，从专科到本科，从学院到大学，在十年如一日的坚守下，终于成为了湖南省第一所职业本科大学。

格局有多大，舞台就有多大

《大博弈》这部剧，是一个关于资本的故事，也是一个关于格局的故事。在剧中，孙和平、刘必定、杨柳三人分别掌控混合制企业北方机械股份有限公司、民营企业宏远集团、国有企业汉重集团。

孙和平掌舵濒临破产的北机之后，想方设法先让企业活下来，然后，通过各种方法给员工发工资，提高员工积极性。在他的带领下，北机从破产边缘翻身成为上市企业。

刘必定的宏远集团资金链即将断裂，他必须四处筹集资金。他向外资求助，但对方想借机进军中国重汽整装行业，他考虑到国家整体行业的安危，断然拒绝了合作。

他们的师兄杨柳，是一个走在政企打通的两套并行体系中的策略型管理者。当年发现北机有发展潜力，于是力排众议将北机并入集团。如今北机发展壮大，杨柳便时刻盯紧孙和平，防备他“独立”，同时关注着竞争对手红星的一举一动。

在事业发展的十字路口，他们凭借着自己的格局，为我们上演了一场风起云涌的大剧。

作为观众，我想说的是：格局，不仅对于管理者是有作用的，对于每一位员工也都是有作用的。都说“屁股决定大脑”，其实，格局才是决定你坐在什么位置上的关键。

格局，就是放下蝇头小利，把自己的志向放到更大的盘子上去考虑。

诚然，当下的市场和我们预期的有差距，但是，每一个登山者在到达顶峰之前，从不会去抱怨脚下的路有多难走，更不会因为某个障碍就停止攀登。就像《大博弈》中的人物，格局支撑他们在人生舞台上奋勇奔向理想。

不舍当下，难得未来。格局拉满，才能大步向前。我相信，那个属于我们的舞台的大幕一定会拉开！共勉！

拿望远镜看别人，拿放大镜看自己

之前在给老父亲拾掇房间时，发现了铁盒子里老父亲曾经视为珍宝的两样东西——望远镜和放大镜。

父亲曾经这样对我说，望远镜让我看清遥远的地方，而放大镜让我看清纸上的文章。当时给予我很大的启发。

后来，我曾经看到这么一句话“拿望远镜看别人，拿放大镜看自己”。让我发现了看待别人和自己的一种不一样的角度。

用望远镜看别人，就会本着总体、综合的态度去看待一个人，不因为他有某个缺点就完全否定他，也不因为他有某些优点就感觉自己处处不如人。

用放大镜看自己，就是对自己的缺点要给予充分认识，充分重视，并加以改正。

《增广贤文》中有这样一句话，以责人之心责己，以恕己之心恕人。意思是说，以严格要求别人的态度要求自己，以宽容自己的态度宽容别人。这很像望远镜和放大镜的理论。

用放大镜看自己，才能更加严格地要求自己；用望远镜看别人，才能看到别人更多的优点。

律己是一种自强，宽容是一种美德，若能两者兼而有之，必然会多一些快乐，少一些烦恼。

拿望远镜看别人，是以一种超然的宽容和欣赏去看待别人。

拿放大镜看自己，是以一种决然的姿态来要求和磨练自己。

人们生活在社会之中，每时每刻都要同周围的各种事物打交道，只有识大局、顾大体、忍辱负重，不计较个人得失，严守法纪，严格要求自己，胸怀坦荡，宽以待人，才能把事情办好，才能使我们得到真正的和谐。

第三章

悦己也是一种能力

像叶倩文一样优雅得体地老去

最近，芒果TV的《声生不息》特别火，我最喜欢叶倩文。

她气韵饱满，一头银发，十分出圈，唱起歌来也非常吸引人的眼球，比如一边做仰卧起坐一边唱《我要你的爱》，丝毫没有吃力或气息不稳，简直太厉害了，一点都不像年过六旬的人；和林子祥合唱《敢爱敢做》，又蹦又跳，情绪饱满到炸裂，最后有一个低头的镜头非常打动我，她满头白发飞舞，却让人只觉她每一根发丝都有力量。

如果不是她满头白发，她唱歌的状态和她年轻的时候几乎毫无差别。

我的好朋友佟佟对明星的描写入木三分，其专栏“黄小姐和蓝小姐”对叶倩文的形容特别到位：在舞台上，叶倩文气场全开，不断刷新大家的惊喜值；在节目其他场景的应对中，她又圆融自如，展现了她一贯爽朗可亲的姿态，和谁相处都自在融洽，对每个人都sweet。她会不经意对着同事撒娇，跟林子祥虽是老夫老妻，但时时刻刻处于甜蜜撒糖状态，简直人人都爱Sally姐。

“黄小姐和蓝小姐”总结叶倩文的人生履历，得出最让人称赞的几大特点：事业成功，情爱也不是她的软肋；天生丽质，却从不迎合主流审美。如今大家津津乐道叶倩文的高光人生，她却始终自谦是因为碰上好的时代，并不是自己真的有多厉害，比她厉害的大有人在。

然而当我们对比叶倩文与那个风华绝代时期的其他巨星们如今的生活，反而可以看到一种长期克制与平衡的力量。她也许并非不爱高光、不爱赞美，但她懂得总有一天要面对真实，也只有保持勇敢和谦逊，才能拥有真实而丰盛的一生。这种强大又包容的姿态，令人神往。

就像她满头银发，自然老去的样子，轻盈又充满力量，比起那些拒绝承认年老而拼命做医美、没有生命活力只会装腔作势的人不知要高级多少倍。

我见过一些活得像塑料娃娃的人，或许脸上没有皱纹，但是也没有开怀的笑容；或许讲话滴水不漏，但看不到一丝真实情绪流露。这样的人其实最无趣。

人生就是一场体验，所有走过的路、看过的书、见过的人……最终都将用来打造我们真实的自己，我们在世间的所有体验都将以某种形式在我们自己身上呈现出来。这一年，我也因为压力肥，身材不再像以往那样窈窕，脸上亦有了皱纹，但是我坦然接受，这是经历在我身上留下的痕迹。虽然我们外形不再年轻，但内心比以往更加强大，这是岁月留给我的财富。

我愿像叶倩文一样真实、优雅、得体地老去。

悦己，是终身浪漫的开始

蹴罢秋千，起来慵整纤纤手。露浓花瘦，薄汗轻衣透。见客入来，袜刬金钗溜。和羞走，倚门回首，却把青梅嗅。

炎炎夏日，再读李清照的《点绛唇》，再次回味心中的那句话：活着不是为了取悦世界，而是懂得在这个世界里取悦自己。

天真烂漫的李清照在我们眼前活灵活现，做自己的她，那种不顾旁人的明澈和清净，让人无法忘却，历经千年，依旧闪耀着浪漫的光芒。

当一个人能够让人感知到他有趣的灵魂，他就已经活成了这个俗世里最美丽的一道风景。那么，我们的有趣应该从何而来呢？

一路走来，很多人都是为了活成他人期待的样子。但，取悦了别人，自己就真的快乐吗？

有趣，其实来自取悦自己并敢于脱离他人目光的态度。这是一种看透人生的超脱和平淡。这种人生态度来源于知识的储备，来源于生活的环境和经历，来源于个体不断的感悟和反思。

经历的种种，让我们看透人生；人性的向善，让我们懂得付出和收敛；对外部世界的向往，让我们不断地读书旅行；对生活的不断悦纳、包容和理解，累积成生命的成熟和厚重……我们除了看遍世间喧嚣、人间繁华，也要经常向内探求，认识自己，重塑自己，愉悦自己，不断实现自我提升，才能活出自己的价值。

不要拿别人的眼光衡量自己，不要拿过高的标准要求自己，尽己所能，尽力而为，挖掘潜力，努力让自己满意即可。与其在他人的评价里失去快乐，不如在自己的成长中获得满足。当我们开始取悦自己，你会发现，丢掉负累会让人生更加淡定和从容。

人生从从容容，日子就可以清清淡淡，说话就可以真心真诚，做事就可以遵从自己的内心。这样的过程和结果，必定能让我们欢喜、快乐，也知足。人生万般模样，我们只需认清自己、认真对自己的人生负责，把它过成我们的独一无二。只有悦己，才能做到人生不虚此行。

就像王尔德说的，爱自己，是终身浪漫的开始。

用一朵花的时间，让生活慢下来

快节奏的生活，城市中匆匆忙忙的身影，焦虑感四散的日常，我们总是在不停地往前冲，“压力越来越大”是现在很多人常挂在嘴边的感慨，甚至会有一种被生活牵着鼻子走的感觉，殊不知，很多美好的东西就在我们的匆忙中与我们擦肩而过了……

我们每个人都要有一个能够安放情绪的空间。闲暇时，我会摆弄花草，花朵与植物代表生活中特别美好的一面，每个置身其中的人都会情不自禁地松弛下来，感受到无法言说的好心情。在与花草对话的时光里，我们更能静心发现生活的美好，用心体会心灵的喜乐。

日本园艺家柳宗民说：“只要你认真去观察，就会发现，再不起眼、再无趣的植物或者花卉，都蕴蓄着生命的坚韧与美好。”植物都在努力向下扎根，根系扎得越深，生命力就越顽强。人的一生，也像花草一样，一点一点地在这个世界上站稳。根扎得越深，我们的人生就越稳，就算遇到再大的暴风雨，我们都能泰然处之。

生活也如同插花，插花的过程就是一个人不断修炼自我的过程。花草需要修剪，人生又何尝不是这样？只有把那些不适合自己的东西从生活中剪掉，阳光才能更好地照进我们的内心。学会给人生做减法，远远要比做加法更重要。

爱花的人一定热爱生活，并且情趣相近，温和、恬静、淡泊、愉悦。我们给花以尽心的照拂，花也同样滋润着我们的身心。在每一个平淡的季节里，花带给我们不平淡的温馨与喜悦，以别人无法参透的语言，读懂我们心灵的沉浮。花开花落，云卷云舒。人亦有喜有忧，有笑有泪，有花有果，有香有色，有取有舍……这样的生活，才有意思。

花草是有生命的，也是通灵性的。有一次，家里有盆花一片叶子也没有了，枯死了。准备扔掉时，因为太重，搬不动，就打算过两天再找人来搬，还随手浇了一些水。没想到，过了几天，花居然又活了，直到现在仍然好好的，枝繁叶茂，陪我度过了经济下行、疫情反复的三年。还有一盆君子兰，始终摆在家里最重要的位置，提醒自己，要做一个君子。

在画展中获取宁静的力量

周末赴亲戚家的喜宴，受邀去国金参加婚礼沙龙，顺带看了一名叫方士标的“80”后画家的丝网版画展。

女性题材，有“她”和“梦中之梦”两个系列，非常有意思。

其中，“梦中之梦”是在梦里寻找，从过去到现在甚至到未来。有一幅以梦露为题材的很有趣：梦露躺在月光中，脸上是很舒展的笑容，另一个维度的关照，似乎是我们心中的女神，有一种异常亲切的美。

还有几幅“时代之梦”主题的画作也很好看，洋溢着20世纪60年代特有的青春气息，画家以自己的梦、艺术之梦、未来之梦构成三重梦想，致敬女性与青春。

提起“版画”，一般人便想到木刻。其实“版画”的概念要大得多，除了木版画以外，尚有石版画、铜版画、纸版画、泥版画、丝网版画等。石版画、铜版画、丝网版画被称为“三版”，国内每隔几年都要举办专门的“三版展”。丝网版画也叫孔版画，很像工业上的花布印刷，将颜色进行刮压，从网孔漏至承接物上，所以也称作丝漏版画。作为版画家族中的奇葩，它已成为世界版画的主流，颇具时代性。

这段时间，我比较喜欢参加各式各样的艺术活动，比如书法展、油画展以及各种艺术沙龙。这与我们集团的文化板块的发展有关，亦与心情有关。

近来国际国内大事比较多，经济下行，行业危机，疫情反复，这让我们倍感压力，亦感受到人生无常。如何接受这种变化，如何应对各种压力，大家也是八仙过海各显神通。我喜欢看展，希望在艺术中寻找灵感，在浮躁中找到平静与美好，在低潮中憧憬未来。

绝大部分的艺术作品都蕴含着真善美，蕴含着创作者对生命的讴歌、对希望的憧憬，虽画面静止，但其中蕴含的凛然朔气，直逼内心，有一种无声的力量，能让人沉静，让人跳出既定的框架，在更长的时间轴、更大的空间中思考，体味创作者胸中的千山万水、磅礴壮阔。

毕竟，在冬天播下春天的种子，春天才会更加美好！

在靖港古镇，品一品烟火气的乡愁

假期，带着家人就近去了一趟靖港古镇。

古镇很热闹，到处可见保存完好的木结构建筑，是江南最典型的民居样式，和城市所带有的那种天然的疏离感完全不同。鳞次栉比的铺子，卖各种当地食物、好看的汉服，以及风情万种的纸伞布鞋，人流如织，大家开开心心地买着、吃着，仿佛新冠疫情不曾来过。漫步其中，很有身在《清明上河图》中的感觉，也有最近热播的《梦华录》既视感。很喜欢这样的市井气息，喜欢这样浓浓的烟火气。

油亮的青石板、临河的吊脚楼等很让我联想到小时候居住过的蓝田镇——几乎一样的街道、一样的建筑，还有一样的烟火气，连商铺贩卖的食物和我小时候吃的都类似。

我带着孩子们吃炸的小鱼、发糕、冰粉，又在临河的吊脚楼上吃了一顿地地道道的土菜，感觉穿越回了我的童年时代。

靖港古镇位于长沙望城，历史久远，甚至可追溯到新石器时代。附近散落多处新石器时代遗址，出土有大量石器、陶器。本地民间艺术丰富多样。木屐、纸伞、风筝也曾盛行一时。

如果有时间，可以在这里细细地看老房子。如清代的“宏泰坊”“育婴堂”等很有代入感；还有建于1861年的戏台，系“中华民国十年乡八埠公建”，戏台石板临江面皆阳刻有花、鸟、兽等各种图案，非常气派。镇上还有宗教建筑数处，朝有千人作揖，夜有万盏明灯，远近闻名的有“杨泗塔”“观音庙”“紫云宫”等。其中，“紫云宫”镌佚旧名联一副，联云：高阁俯南溟，看九万里鹏飞，无数云澜生眼底；重湖通左蠡，听卅六湾渔唱，大千风月入怀来。

靖港还与曾国藩有关。这里发生过著名的“靖港水战”，因兵败，曾国藩差点自杀，这是他人生的转折点。

我站在河边，望着辽阔的水面，脑补着N年前这里的水战，感慨着世事沧桑。

历史就这样轰然而过。

时间也这样流淌而过。

只有乡愁和思念，永远留在心底。

醉　酒

人生难得几回醉。我们有时很无奈，有很多事情我们都不敢做，就连喝醉一次酒，我们都是不敢的，因为不知道喝醉酒后自己会做出什么事情，所以我们就要控制着自己，控制自己的生活。

大多数人认为，酒后吐真言。其实也不尽然。喝酒，有三种状态：第一种是微醺，比较惬意。第二种是酣畅淋漓，指的是朋友间毫无保留地推杯换盏。第三种是大醉一场，那就比较难受了，每个人表现各不相同，有的胡言乱语，有的呕吐不止，有的口出狂言，甚至大骂出口，大打出手，等等。总之，丑态百出，出尽洋相。宿醉之后，有断片的、有头疼的、有昏睡的、有后悔的、有别人帮着回忆起来后真的恨不得找个地洞钻进去的……醒酒状态也各不相同。

古有武松醉酒打虎，但你要认为只有武士好酒，那就大错特错了。古代文人也好酒，所谓琴棋书画，诗酒花茶，君子八雅也。文人一般酒后能出好文章、好诗句，这方面以李白为代表。

古代美女也好酒，以杨贵妃为例，最著名的就是《贵妃醉酒》。

现代人也喜欢酒。酒有时真的是一个好东西，它既能帮助人们表达感情，也是交朋结友的一种方式。如常言说，酒逢知己千杯少！

中国既有食文化，也有酒文化。所谓无酒不成席，就体现了中国几千年流传的饮食文化对酒的依赖。

最近几年，我偶尔也会喝醉酒，朋友们说我都有点好酒了，虽有夸张，但确实是我这几年的变化。新冠疫情肆虐，经济下行，作为企业负责人，尤其是房企负责人，压力之大，常人难以想象。重压之下，酒确实是个好东西，能让你暂时忘却当下烦恼，堪比忘忧草。

大醉几回后，酒量涨了不少的同时，胆量也大了不少，朋友也交了更多。压力得到缓解，心情也暂时好了很多。不过，伤人、得罪人的事情也偶尔发生。很多人希望酒醉后还能稳如泰山、运筹帷幄，真能做到的，细数寥寥。

其实我最喜欢的还是和三两个朋友一起，对酒当歌，吟诗作画，一壶好酒，几个特色小菜，一个好食坊，小酌怡情，微醺而归。

新中式服饰展现职场新风采

当年看《花样年华》，被张曼玉的旗袍惊艳到了，那份韵致好像是任何其他服饰都无法达到的。

于是，就喜欢上了中式衣服。

当然，在日常工作和生活中，不能像张曼玉一样穿那么正儿八经的旗袍，但是我们可以穿改良的新中式。

职场上通行的服饰通常是西装，或者衬衣。偶尔尝试一下中式服饰也会有别样的魅力，既有民族特色，也不容易撞衫。

中式服饰以汉服为代表，一直是中国的国服。我每年都添置几件，夏姿陈、上海滩、吉祥斋，都是我喜欢的。这样经年累积，衣柜里的中式衣服也是琳琅满目，各种款式、颜色都有。

中式服装最大特色为“上衣下裳”制，主要有偏襟和对襟的形式，以及交领右衽式，以宽松、合体为主要特色，领子可以是交领、斜领、圆领、对开领。

我很喜欢中式衣服的立领和盘扣，其实一件衣服只要有了这两个元素，也就沾上了新中式的边。

有些中式衣服真的是美轮美奂，光泽温润的丝质面料上有着栩栩如生的刺绣，那些鸟和花鲜活得像春天的花园，而摆动的裙边似翩翩起舞的蝴蝶。最好看的就是立领，精致地立在脖颈处，静静地散发出内敛的优雅，而那些千丝万缕、千缠万扭的盘扣，给衣服平添了无限风情。

中式衣服真丝的居多，亦有丝绒的，多比较飘逸，很有中国古诗词意境。现在的中式衣服多是改良的，更方便搭配，不一定必须配宽大的裙子，配各种裤子也合适。颜色以莫兰迪色系为主，体现温婉气质。当然，白色是必不可少又最百搭的。新中式衣服适合的场合其实真很多，特别是逢年过节，中式衣服最应景。

出国拜访客户，自然多穿中式，最能体现民族特色。有一年，我陪我先生去美国国会拜访一位议员，我先生穿的是很正式的西装，我本来也想穿阿曼尼西装，后来想了想换上了中式服装，丝缎上衣和黑色丝绒长裤，绣花缎面高跟鞋。会见完以后，议员便看着我称赞道：“Your clothes are so beautiful！I like your style.”

有一些集团或行业活

动，我也喜欢穿中式，既显得正式，又有些别致，也符合我的气质。

我还喜欢穿中式服装参加朋友聚会，感觉端起茶杯，就有气定神闲的韵味了。

如此这般，怎能不爱中式服装？

在自然中寻找灵感和平静

“采菊东篱下，悠然见南山”。虽然东奔西跑了一天，回到长沙，与友人相聚于乡村一农家乐，还是能感受到生活之美好无处不在。

陶渊明的这句诗，让我们看到了一种生活方式，就是在自然中寻找灵感和平静。在“采菊东篱下”的过程中，我们不仅可以欣赏到自然的美丽和神奇，还能够放松身心，激发内心的灵感和智慧。而“悠然见南山”，则更是一种在大自然中寻找自己的方法。当我们放下繁忙的生活，静下心来欣赏自然的美丽时，我们会发现自己与大自然融为一体，感受到内心的宁静和祥和。

在这个喧嚣的都市中，我们往往被各种各样的事情所困扰，而这种困扰往往导致了我们的内心不平衡。我们需要回归自然，寻找那份自由和安宁。通过欣赏自然的美丽，我们可以找到生活的意义和价值，更加坚定自己的内心和信念。

不要绝望，幸福就在拐弯处

“不到长城非好汉”，一直以来，人们总是这样来形容一个人的勇气。而我们也由此得出，爬长城是非常辛苦的事情。

暑假，和姐姐带孩子们去爬长城。虽然上去坐了一段缆车，下来坐了滑道，但还是在连爬了十四个峰火台后，累趴下了。好在拐弯处有一个凉亭可以休息，也有一个简易的小卖部。连吃两根火腿肠，狂饮一瓶能量汽水后，我们才缓过神来。大汗淋漓的我换了衣服，稍事休息后，继续努力加油。

上面太阳晒，脚下路遥遥。当我感觉要崩溃的时候，我姐姐突然说，已经到了有滑道的地方。当我们坐着滑道往下冲的时候，听着自己和孩子们快乐的尖叫声，突然觉得不那么累了，一切辛苦都值得，幸福无边。

人生又何尝不是如此，当你绝望时，总有别样幸福在拐弯处等着你。

加油！

时间的玫瑰

一直很喜欢北岛的诗《时间的玫瑰》：

当守门人沉睡
你和风暴一起转身
拥抱中老去的是
时间的玫瑰

当鸟路界定天空
你回望那落日
消失中呈现的是
时间的玫瑰

当刀在水中折弯
你踏笛声过桥
密谋中哭喊的是
时间的玫瑰

当笔画出地平线
你被东方之锣惊醒
回声中开放的是
时间的玫瑰

镜中永远是此刻
此刻通向重生之门
那门开向大海
时间的玫瑰

玫瑰是什么？是最美丽的花朵，又是勇敢、坚贞、友谊、爱情等的象征，每个人对这首诗都有自己的解读。我读过无数遍，每一次都会有不同的感受，这两年感受尤其深刻。

这几年对我们这些地产行业从业者来说，应该是非常严峻的考验，人生中从未如此狼狈过。我们经历了经济下行、疫情叠加的阵痛，年销售额从万亿、千亿、百亿到几百万、几十万、几万，甚至一度为零。我们像坐过山车一样，一下飞上天，一下跌落到谷底，房地产业内人士失业率越来越高，年薪越来越低。

这种落差无人能承受，但又必须承受。我作为地产行业的中小企业主，也感同身受。

说实话，这几年我都不知道是怎么过来的，我曾和姐姐开玩笑说，第一年情况不那么糟糕的时候，是靠酒精麻醉自己过来的，第二年是靠向下社交稳定过来的，第三年是靠自己给自己当心理医生过来的。当企业破产时，员工可以跳槽，老板只能跳楼，而我作为一个母亲，连死的资格都没有。我深深体会到，初心与情怀，信仰与精神，会让人变得更加强大，我总是安慰自己，在谷底也要看花，在海底也要望星。

其实，这几年所受的苦与委屈很多很多。说实话，如果三年前知道困难有这么大、时间会这么长，我想我不一定会熬过来。但一天一天地扛、一个一个问题地解决，三年也熬过来了。时间是医治一切的良药，我们把问题和困难这个分子，放在时间长河这个分母上来，就不会显得那么痛苦了。

就像这首诗里说的，让我们都做一朵时间的玫瑰。时间酿酒，余味成花。与坚持为伴，与黑夜为侣，努力绽放，成为一朵摇曳在大千世界的铿锵玫瑰。

在我心里，玫瑰就是一切美好的象征。不管这朵玫瑰老去也好，消失也罢，但这玫瑰在我的坚持里，在未来的时间里一定会永恒。时间的玫瑰不会老，反而会愈发地清香，只有不畏惧时间任何形式摇摆，我们才有资格拥有时间的玫瑰。

在我 36 岁生日的时候，我出了一本书《我是朝晖》，文字虽然稚嫩，内容也比较浮浅，但除图片唯美之外，美到心里的是记录了那段流光溢彩的美好年华。作家姐姐为我作的序——《玫瑰妹妹》，笔下的我善良而美好。只是我们都忘记了一件事情，玫瑰是带刺的，是有攻击性伤害性的。我顶多是一朵无刺的玫瑰。

十几年过去了，我承受了岁月的洗礼，风雨的冲刷，身上开始有了棱角，敢于对自己不喜欢的人和事说“不”，勇于挑战不公平的待遇。在时间的长河里，我终于成长为一朵真正的玫瑰。

我喜欢玫瑰，是因为她是世间最美好的花，星尘为泥，银河滋养，永远不会枯萎，永远在沉静的宇宙中美丽地绽放。

我喜欢玫瑰，因为她拥有满腔的热血和激情，在真情中诞生，在激情中褪去，却永不忘恩，牺牲自己温暖别人。与蜡烛不同，牺牲自己照亮别人的同时，玫瑰也美好地绽放了自己！且活得鲜艳而炽烈！

世界在变，只有玫瑰永远浪漫，其实浪漫的不只是玫瑰，是在无法掌控的世界面前，那颗不会绝望的心。

玫瑰从不叹息，花开惊艳世界，花落温暖自己。生命中总有次第花开，你我总要坚信，每个夜晚一定会举起星斗，每个清晨一定会擦亮山河，朝着花开的地方走，我们一定就能走进硕果累累的秋天。

这几年，再苦再难的日子，我一如从前，在院子里种些玫瑰，和生活坦然相处，让生活溢满花香，让时光留住初见。岁月悠长，所有的初见，都如山间的清风，窗边的暖光，都会在时光深处，落地生花，开成生命里一抹甜蜜的温暖。让时光留住初见，愿有岁月可回首，诉说生命中的美好与悲欢。让时光里的美好，永如初见。

我相信，只要我们努力地去靠近太阳的光芒，在往后的日子里，除了玫瑰的芬芳，一定会有阳光万丈！

这些年，被企业“摧残”的容颜

久未谋面的外地朋友来湖南看我，一见面就脱口而出：“朝晖，这些年你到底经历了什么，怎么变样了？”我自嘲道：“肯定是变老，而不是变美！”朋友自知失言，忙说：“是变成熟了！”

是的，我是变成熟了。

犹记当年，我也是纤纤细腰，不说婀娜多姿，也是亭亭玉立。十八岁时别人说我像当年的许晴，脸上还有些婴儿肥。现在别人说我像何超琼，估计是因为我们都有着女企业家的感觉。

俗话说，相由心生。从甜美可爱的“许晴脸”、变成霸气的“超琼脸”，除了阅历丰富、见识增加之外，更多的是因为在市场经济的浪潮中，千锤百炼，万炼成钢的风雨洗礼。

我先生特别喜欢我十五岁的那张黑白照，剪着山口百惠的男式女发，穿着大翻领海军服，纯情的模样让他感叹，所有对女孩子的美好幻想都在这张照片里了。我在北京家里的床头柜一直摆着这张照片，二十年没有变过。我有时也恍惚了，那时的我只是一个切面，不是我的全部，我先生到底爱的是那个纯情的感觉，还是我这个立体而丰满的人？

随着我离开湖南省法院跟随先生东奔西跑，从房地产行业到教育行业，多产业发展，熬夜、出差、谈判、开会……时代在变，企业在发展，我的容颜也发生了翻天覆地的变化，从一个纯情少女到一个丰满富态的中年妇女。

我对自己的外形是不满意的，每天都在减肥的路上，在返老还童的梦想中。

虽然现在医美盛行，大家都在微整的路上。但我还是仗着自己底子好，皮肤白、头发黑、个高腿长，化点淡妆，提高衣品，自我安慰是气质达人。

无忧无虑的少女时代，不苟言笑的女干部生涯，千锤百炼的企业家岁月，我的容颜变化最大的阶段是在企业的这段时间。

虽然容颜越来越老，体态越来越丰满。但是，我觉得一切都是最好的安排。首先，我的人生是丰富多彩的，角色变化大，经历比较多，阅历丰富。其次，我经历了青涩懵懂的青春年华，又经历了中规中矩的公务员生涯，现在又有“经济发达，自我提拔”的女企业家角色定位，我认为，人生分层次生活，也是一个非常不错的选择。

我准备出一本书，将我丰富的人生经历和人生感悟，浓缩在这本书里。告诉年轻人，人不会永远年轻，容颜不会永远美

丽，万事万物都有缺陷与裂痕，何况我们只是肉身凡胎。莫笑人之老，你也将老之。我们短暂而美好的一生，更是如此。年华似水，花儿凋零，容颜逝去，这是人生的常态。既然无可奈何，就要坦然接受。但请相信，一个年代有一个年代的美丽，人生没有白走的路，也没有白流的汗与泪水。所有的经历都会成为你未来美好的回忆与成功的基石。这一路的历练和体验，所有的酸甜苦辣，都是为了锤炼你的心灵和意志，净化你的思想和灵魂，让你变得更清澈与完美。既然一切都是最好的安排，不能改变，不如坦然接受现在的自己，即使不再年轻，不再美丽，但只要你心怀美好，勇往直前，前方一定会有另外的风景等着你。

所以，女人的一生，不同年龄段都有不同的美丽，我们只要温柔而坚定地前行，你会发现，美好蕴含在每一个平凡的日子，而你的未来也将因此灿烂而美好。前方总会有花团锦簇，星辰大海。

也谈游泳

我的父亲是游泳高手，60 多岁时横渡湘江，70 多岁仍在山间池塘野泳，正因如此，如今 84 岁的他还能每日站立挥毫两小时。

可惜我是个“旱鸭子”，与水最为紧密的接触不过是偶尔泡泡温泉。

今年暑假，压力山大的我下决心与孩子们一同学习游泳。历经十个小时的课程，我竟也学会了！

在学习游泳的过程中，我感悟颇多。

比如，学会克服初始的恐惧。初次踏入泳池，水的包围所带来的陌生感与不安全感瞬间涌上心头。我心一横，深知害怕毫无用处，唯有勇敢迈出第一步，方能在水中畅游。人生亦是如此，我们会面临无数挑战与未知，若缺乏勇气去尝试，便永远无法领略更为广阔的风景。

比如，领悟“手动脚不动”的奥秘，感受此起彼伏、动静交替的能量。倘若手脚同时动，必定无法浮起。而憋气蹬腿三次后必须出来换气再游，这教会了我们如何张弛有度。

再者，若在水里感觉无力，可双手向下压水，双腿向胸前收拢，犹如婴儿在母亲子宫里一般，如此便能站起，回到安全区，恰似回到妈妈的怀抱。另外，当躺平放松时，可自然浮起。这让我明白，当努力到精疲力尽、无计可施之时，适当放松或许是另一种自救方式。

游泳让我学会在压力中放松。当我们在水中游动时，水的浮力仿佛能帮我们卸下生活的重担，使我们身心得到舒缓。人生中，我们常常被各种压力困扰，学会适时放松自已、调整心态，方能更好地应对挑战。

游泳需要坚持与毅力。长距离游泳绝非一蹴而就，需要持续努力。在此过程中，人会感到疲惫，但唯有坚持下去，才能抵达终点。人生之路漫长而曲折，成功往往需要持之以恒地付出努力，不被困难与挫折击败。

坚持游泳，自然需要自律精神。为提高游泳技能，需规律训练，保持良好的生活习惯。在人生中，自律能让我们更好地管理自己，实现目标。

学会游泳，仿佛人生开启了另一扇窗。当身体没入水中的那一刻，世界瞬间安静下来。耳边唯有轻微的水流声，如同大自然在耳畔低语。水温柔地包裹着身躯，带来一种难以言喻的安全感。双臂划动，双腿蹬水，每一个动作都流畅而自然，仿佛与水融为一体。

在水中畅游，感受着水流的力量与温度。那微微的阻力，像是在提醒我生活中的挑战，而每一次的奋力前行，都是对自我的超越。水波在身边荡漾开来，闪烁着点点光芒，如同生活中的美好瞬间，稍纵即逝却又令人陶醉。

游泳是一场孤独的旅程，却也是一次与自我对话的契机。在水中，没有外界的喧嚣与干扰，只有自己的呼吸与心跳声。思绪在这一刻得以沉淀，烦恼也渐渐消散。我可以思考工作中遇到的问题，可以回忆美好的过往，也可以什么都不想，只是纯粹地享受这份宁静与自由。

游累了，便停下来，静静地漂浮在水面上。仰望着蓝天，感受着阳光的温暖，心中充满对生活的热爱与感恩。这片小小的水域，成为了我心灵的避风港，让我在忙碌的生活中寻得片刻的宁静与慰藉。

游泳，不仅锻炼了身体，更滋养了心灵。它让我学会了坚持与勇敢，也让我懂得了在喧嚣的世界中寻找属于自己的宁静。每一次跃入水中，都是一次新的冒险，是一次对自我的挑战。而我，也在这一次次的挑战中，不断成长，不断前行。

第四章

那些种在心中的爱

转角遇到爱

我和我的先生并非相识于微时，但我们却真是一见钟情。在我们相遇之前，彼此都有过失败的婚姻。好在我们都是相信爱情的人，也都极有运气，在还算年轻的时候，遇到了彼此。从我先生见到我的第一面，我就看到了他眼睛里迸出来的火花，火光照亮了我的心，一直点燃到现在。

接下来的故事有点俗套，我先生每天守在我下班的路上，总是用羞涩的眼光望着我，不好意思地搓着手说，一起吃饭吧，有点事情请教。今天是法律问题，明天是写作问题，只因我在法院工作，姐姐在报社工作。当然，起先我是拒绝的，感觉他一是年龄大了点，二是皮肤黑了点，再加上两个人也不是一个行业，共同语言少了点。但恋爱中的女人都是傻白甜，要不怎么叫恋爱脑，需要交智商税？所以，今天吃鱼，明天吃虾，一来二去，感觉越来越聊得来。三观一致，价值观相同，又彼此欣赏，自然而然就执子之手了。

很多人说，中国人的婚姻大多是凑合的，有的为了孩子，有的为了父母，还有的为了面子、为了财产，等等。吵吵闹闹，一辈子就过去了。而我在转角处遇到的爱，不仅修成了正果，也的确可说得上是真爱。

结婚以后，我还是当我的公务员，他当他的企业家，倒也相处融洽。距离产生美嘛！

但时间长了，问题就来了。我们因为工作原因，聚少离多。他工作忙，应酬多，而我在法院办公室，工作也很多，文字任务重，时常加夜班、熬通宵。久而久之，我先生不乐意了。一是心疼我，二是觉得两个人在一起的时间太少。有时，两个人在一栋房子里，一个礼拜都见不到几面，说不上几句话。他应酬多了，我也不大高兴，一身酒气地回来，我也是疑神疑鬼、左审右审的。后来，他就干脆带着我应酬。这样，虽然矛盾没有了，但我的工作受影响了。

有一次，我通宵赶稿子，他也陪我一起熬夜。第二天，他就提出让我辞职，加盟他的公司。

做出这个决定确实有点难，且不说父母坚决反对，就是我自己，也下不了丢掉“金饭碗”的决心。经过几个月的思想斗争、多次的家庭会议，我终于决定辞去工作，进入我先生的公司。

身边的人都说我疯了。我也觉得自己疯了，为爱疯了。那时的我简单至极，两耳不听外界声，一心只过幸福日，觉得只要我先生开心，只要我们能每天在一起，就够了！下海后，我和我先生举案齐眉，相濡以沫，上班一起，下班一起，应酬一起，谈判一起。工作成了我们的全部，彼此也成为对方的全部。

我们尽情享受工作带给我们的快乐和成就感。我先生手把手教我做生意，我也将机关工作的管理经验带到公司。

很快，我们成为事业伙伴、革命伴侣，成为商场上的鸳鸯剑，一阴一阳，一刚一柔，双剑合璧，所向披靡。

我们一起研究公司战略，一起开发项目，一起解决项目中遇到的问题。我们一起收购学校，走转型发展的道路。我们一起享受发展的阳光，一起抵御风雨、抗击癌症，度过最艰难的

2008 年、2009 年、2016 年、2022 年……

我们一起度过了企业最艰难的时刻，也一起感受企业发展所带来的高光，我们一起走遍千山万水，一起领略祖国的大好河山，一起去看世界的风景……

20 年过去了，虽然我们已年过半百，脸上开始有了皱纹，身材开始变形，先生缠绵病榻多年，不似从前威武霸气，但我仍然还是他心中最美的“白月光”，他也依旧是我心中唯一的“男神”。我们依然深爱着彼此，想到对方或见到对方时仍然有怦然心动的感觉。

曾经那些美好的日子，成为融入彼此生命中的温暖，让我们更加珍惜彼此、爱护彼此、欣赏彼此，更加维护彼此、支持彼此、成就彼此。

朋友们都说，我们夫妻越来越像了，不仅长相、身材、讲话的神态，连举手投足之间流露出的气质都非常像。所谓夫妻相，就是这么来的吧。而世界上最深沉的爱，就是活成对方的模样。

我们没有相识于微时，我们只相守经年。

我们总是在芸芸众生之中寻觅，寻觅今生的依靠；

我们遇见过一些人，他们却只是生命中的匆匆过客而已，过去了也就过去了；

我们也错过一些人，不知道错过他们是否是种遗憾，毕竟已经错过了；

爱，会在什么时候，以什么方式出现，这个问题永远没有既定的答案；

但是，我们要相信，无论何时何地，一定会有个适合的人在那里等着你；

我们总是沿着幸福的地图，寻找着爱情的终点，纵然道路不是那么平坦；

倘若爱在转角处出现，请倍加珍惜，因为那是轮回了几个世纪才有的交集；

我们在时光中行走，在转角相遇，在交往中相知相爱，最终相伴到永远。

遇见爱，勇敢爱，是爱情，更是责任

少女的时候，读舒婷的诗《致橡树》，非常喜欢。

“我必须是你近旁的一株木棉，作为树的形象和你站在一起。根，紧握在地下；叶，相触在云里。每一阵风过，我们都互相致意，但没有人，听懂我们的言语。你有你的铜枝铁干，像刀，像剑，也像戟；我有我红硕的花朵，像沉重的叹息，又像英勇的火炬。我们分担寒潮、风雷、霹雳；我们共享雾霭、流岚、虹霓。仿佛永远分离，却又终身相依。这才是伟大的爱情，坚贞就在这里：爱——不仅爱你伟岸的身躯，也爱你坚持的位置，足下的土地。”当时我想，这就是我要的爱情。

后来遇到我的先生任玉奇，我们相爱了。那时我在法院工作，非常体面又稳定，对自己的前途也比较看好。但我先生希望我和他一起经营企业，他说只有这样我们才能真正志同道合，成为灵魂伴侣。经过谨慎考虑，我离开了我熟悉的法院，来到了金侨，和我先生一起打拼。

进入企业之后我才真正明白，我当年的选择是一个多么无知无畏的选择，因为经营企业真的不是一件容易的事情。我们长久的共同奋斗，是爱情，更是一种责任，对彼此的责任，对企业的责任，对社会的责任。作为两届全国人大代表的他，有一种家国情怀，让我心生敬佩，且心向往之。

所幸，我们真的是灵魂伴侣，我们对事物的认知非常一致。当然，我先生比我更睿智、比我更勇敢、比我更有担当，他是我的导师，是我的指路人。我在和他的朝夕相处中一点点成长。

到今天，作为董事长的他逐步退居幕后，而我作为企业总裁，站到了台前，秉承他的思想、他的经营理念，继续引领金侨克服一次又一次经营上的困难，取得一个又一个的成功与胜利。我很感谢我的先生，感谢他给予我的爱和信任。我也庆幸我当年的勇敢，敢于接受这份沉甸甸的爱。

遇见爱，勇敢爱，这才是真正的人生。

“猜猜我有多爱你？我爱你像围巾那么暖，我爱你像大树那么高，我爱你像糖果那么甜，我爱你像大海那么深，我爱你那么那么多。”小区幼儿园里传来孩子们稚嫩的朗读声，让我更加感受到爱的甜蜜，爱的力量！

情人眼里出西施

以前，总觉得“情人眼里出西施”这句话只是古人的戏言。西施是四大美女之一，情人关系再好，姿色平平也万万不可能成为西施。

但是，自从我遇见我先生之后，发现这话还真有点道理。

虽然经常被人夸为美女，但我深知自己姿色一般，全仗着皮肤白、个子高、衣品还可以，再就是像母亲说的，读了几年书，沾了点腹有诗书气自华的光。

直到遇到我先生。

我们是在一次活动中认识的。他说他看我的第一眼就觉得前世有缘，我当时觉得不可思议——难道真的有一眼万年？

结婚以后，尤其是生了孩子之后，夸我是美女的越来越少了，最后基本上只剩下我先生一个。我也习惯了，毕竟每个年龄段有每个年龄段的活法与光彩，只要自己过得舒心即可。但我先生夸我的话，虽然夸张了些，仍然让我很受用，也欣然接受。

直到有一次，我们一起参加一次人大的活动，宋祖英也来了，大家都争着和她合影。我也劝我先生去，毕竟他是全国人大代表。他望了我一眼，一向木讷的他居然说：我觉得你比她好看。天啊，这真的是情人眼里出西施啊！

无独有偶。有一年我们去台湾招商，准备做一个台湾名品城，在台湾举办了一个很大的招商会。当时台湾商会的会长也来了，还请来了马桶王子邱士楷和大美女林志玲。当时很多人都抢着和林志玲合影，我也窜掇着先生去合影，因为林志玲实在是太美了，尤其是那个娃娃音，听得人骨头都酥了，但先生却纹丝不动，半开玩笑半当真地说，我还是觉得你最美。

经过这么多年这么多事之后，我终于明白，古人说的情人眼里出西施是真的，这句话在我先生身上体现得淋漓尽致。

不管是真心实意的夸奖，还是情人眼里出西施的谬赞、老公的溢美之辞，让我活得肆意洒脱，越来越美，越来越自信。

父亲的艺术人生

父亲的人生在他 70 岁时发生了反转。

在此之前，他是三个孩子的父亲，四个孙子、外孙子的爷爷、外公。

再之前，他是一名政法干部。

父亲出生寒门，当过工人，当过兵，转业后到了政法系统。

在我们的印象中，父亲总是穿着制服，各个年代的公安制服父亲都穿过，形象高大而威严。从公安干到司法，退休时父亲是一级警督，照片上穿着 21 世纪头十年最新式的警服，仍然很神气。

父亲为人非常正派，工作非常认真，对我们的管教亦很严。

他非常希望我们三个孩子能继承他的事业，但我和弟弟都干了自己更喜欢的工作，妹妹本来依父亲愿在法院工作，后来也下海了，连同我和弟弟都被拉下海，父亲一度很不理解，很久才释然。

父亲的职业生涯是属于他的光荣时代，像许多老一辈的人一样，他有很强的职业自豪感。所以退休以后，突然从忙碌中闲下来，父亲很长时间不能适应，尤其是母亲过世以后，父亲六神无主，几乎抑郁，经常失眠。

那段时间，我们三个孩子天天想的是如何让他从这种状态中摆脱出来，陪他旅游，让他带孙子、外孙子。

但是，好像这些也只能短暂改善他的情况，他仍然不太开心。

突然有一段时间，父亲开始练书法，兴致勃勃地买纸墨、买字帖。我们以为他只是一时兴趣，没有想到，他却坚持了下来，而且越写越好。

他每天会站着悬腕练字四五个小时，为写好一个字，不断琢磨不断磨炼。隔三岔五外出请教名师，在湘潭、在长沙都有他的书法老师。不管到哪儿旅游，看到好的书法作品，总会仔细研究。每隔几个月就要去全国各地参加书法比赛或研讨会，获奖不计其数。

他不再忧郁，不再无所事事。他每天都很忙碌，每天都开开心心的。给我们打电话时，声如洪钟，中气十足。他仿佛又回到了他叱咤风云的壮年时代。

这是父亲于晚年开启的、崭新的艺术人生。

他现在常常挂在口头的话是："我是搞艺术的，喜欢美好的事物。"会经常对我们进行艺术指导、审美指导，因为他现在很有艺术眼光。他亦会教我们的孩子看书法作品、练书法，而且经常给我们的朋友送他的作品。

在我们少年时代塑造了我们的道德观、提高了我们法律意识的父亲，在我们的中年时期，又不断对我们进行美学熏陶，向我们传递着他自强自立的精神。

在他 80 岁那年，举办了个人书法作品展，有很多业界朋友以及他的老同事们参加。大家都为他的精神所感动。

父亲 82 岁时又在湖南省博物馆举办了个人书法展。这是父亲的荣耀，更是孩子们的骄傲。

父亲的书法作品被很多朋友所喜爱，甚至曾走出国门，走进联合国。

因为书法，父亲的老年生活焕发了新的活力，他也因此结交了很多良师益友。

父亲给孩子们打了个样儿——任何年龄、任何时候都要有所追求，要活得有价值，贡献正能量。我想，他也给很多老年朋友打了个样儿——只要心中有信念，笔下就有力量，就能把“80+”过得健康、充实。

父亲的素质教育

父亲常说，他很早就懂得素质教育了。

我三岁之前，因妈妈周末要上班，爸爸就训练我在站栏里休息，以便他顺利完成洗衣、做饭、搞卫生等家务，我非常配合，不哭不闹，自己玩儿玩具，玩儿累了站着就睡着了，醒来就对他笑。

父亲心疼我，不是奖励一颗糖，就是带我去串门。我从小嘴巴就特别甜，总是让父亲很有面子，也因此偏爱我。

小学作业多，有次父亲看我边揉眼睛边痛苦不堪地抄生字，就对姐姐说："朝晖这么晚了还睡不了觉，你干脆替她抄完吧。"这个例子可能并不正面，但充分说明父亲对我放养的态度。

还有一次，我考试没考好，父亲被老师叫到学校。老师数落我不认真听课，不认真写作业，父亲却不耐烦地说："我觉得朝晖挺好的"把老师气得够呛。回家我听到父亲对母亲说："这个陈老师太教条了，小孩子一次没考好就上纲上线。"

父亲对我的饮食却管得很严。他经常头天晚上发面，第二天早晨五点钟起来揉面做肉包子，我起床时，总能吃到刚出锅的热乎乎的包子。有时起床晚了，吃包子来不及，我准备饿着肚子上学，父亲总要拉着我说："不行，迟到也得吃早饭。"

周末，父亲带着我去打球、游泳。父亲对母亲说："这个朝晖胆子大得吓人，不会游泳，就愣敢往下跳，这心理素质比我们大部分当兵的还好。"其实，我是问了旁边洗衣服的大人，河边十三级台阶，我数着台阶往下跳。当然，即使这样，胆子也确实是够大的。

我放了学就在院子里和小伙伴们疯跑，整个院子都能听到我们的呼喊；周末组织小伙伴们躲在院子后面烧烤。暑假，我几乎每天都在院子里打打闹闹。有时候吵到大人午睡，大人到父亲那里告状，父亲也只是叫我中午别出去玩，尤其是不要去江边游泳。到假期，父亲带着我去韶山拉练，一走就是十几公里，走不动了也得走。父亲说："在部队，掉队了可没人管你。"

就这样，我吃得好，玩得好，太阳晒得也多，到中学就长到了1.66米，老被别人当成北方人。父亲身高不到1.7米，有时跟我和父亲一起出去，父亲的熟人都很惊讶地问他："老刘，真的是你女儿吗？"

父亲也比较注意培养我的爱好。我十几岁时迷上了演讲，天天在家里练，到处报名参赛，父亲是我最早也是最忠实的粉丝，不但认真倾听，还提出很多好的意见，让我得到充分的锻炼。后来，我在一次演讲比赛里得了全省第一名。

我很感谢父亲给我的财富：健康的身体、良好的心理素质和很好的口才。做企业要承担巨大的经营压力，要拼智力、毅力，还要拼体力、能力，这些都是父亲替我打下的基础。

父亲的抗疫之路

自2022年12月放开新冠疫情管控后，我身边的人都阳了，我祈祷父亲千万不要阳——82岁的高龄，80多斤的体重，很难抵抗大病。所以，我们阳了以后，半个月不敢去看父亲，生怕传染给他，也不让他出门。但越怕什么，越来什么，2023年元旦刚过，父亲阳了，5天后，人就不太清醒了，我们赶紧把他送往医院。

到了医院急诊室，只见到处都是抢救的老人，人满为患。父亲一下车就走不了了，只好两个人架着往里赶，急诊护士一测，血氧血压只有50多，赶紧往抢救室推，护士说再晚点到医院人就没救了。说得我们心惊肉跳的，大冬天吓出满身大汗。闺密正好是这里的医生，来了之后直接喂了降心率的药，上了氧气，血氧才恢复到78。

好不容易搞了个床位住下来，安顿好父亲，戴上氧气管等，检查结果出来，指标不好，医生提出要上呼吸机，切气管直接往肺部输送氧气。

这种插管是新冠重症患者的常规操作，在父亲住的呼吸重症科，80% 以上的老人都插管了，既是病情需要，也方便治疗，特别是对于我父亲这种极度不配合治疗的个性老人更是必要。

是否插管确实难以决断。且不说琼瑶与平鑫涛孩子的插管之争，看着周边插管老人的痛苦，也是心惊胆战。加上医生说，插管死亡率也达 60%，更让我们犹豫了。

医生每天来问 N 次插管的事，我们都以各种理由搪塞，一会儿说亲人没到齐，一会儿说还要商量一下，弄得医生护士都不耐烦了。

后来，还是做医生的闺密建议不要插管，搏一搏，老人舒服些，也许就挺过来了。

决定不插管后，精心护理是重点，补充营养是关键。我们成立了一个父亲治疗群，排班侍候。除家人之外，朋友、同事都排上了，还请了一个专职护工。家里也安排专人做饭送饭。我们搞来了辉瑞特效药，每天四瓶白蛋白提高免疫力。在这般精心护理下，父亲渐渐脱离了危险。

然而，问题又来了，习惯吃安眠药睡觉的父亲仍然吵着要吃安眠药，但医生说输氧不能吃，怕抑制呼吸。开了三粒三天吃，父亲一把抢过去，藏在衣袖里，姐姐去抢，不仅被父亲咬了一口，还差点被他以擒拿术折断手指。

因为新冠是“静默性缺氧”，老人即使血氧很低了，也不会感觉很憋气，很难受。所以，父亲总觉得自己没病，吵着要回家，不愿吃药打针，不愿意俯卧侧卧，不愿戴氧气面罩，不愿戴血氧仪，经常拔掉氧气、扯掉针管，有次居然还与护士起了冲突，坐了起来，强行准备下床走人，把我们吓得半死。

有道德洁癖的弟弟批评父亲不尊重护士，父亲却连他一起骂。弟弟只好换个方式，吓唬他，让他看隔壁床插管老人的惨状，说不配合治疗就要全麻插管动手术，父亲的态度这才好了一点。但过了一会儿，又破罐子破摔，说“你们爱咋咋地”，还是不配合。我负责做思想工作，连哄带骗让他接受了治疗，每日请亲朋好友来开导他，有一次还在病房投其所好陪他打起了双升级，也算是与顽固父亲斗智斗勇了。

好在，有亲友团、朋友和同事轮流照顾、倾情付出，父亲的病情终是逐渐转好。

半个月之后，医生说父亲的病好了可以出院了。电视台也来采访这位八旬老人战胜疫情的经验，父亲说得眉飞色舞，全然忘了这半个月的痛苦。

给孩子们合适土壤，让他们快乐成长

对于孩子教育，我是一个典型的慈母，极其宽容。

周末带孩子们出来玩，我都是任由他们在公园里跑跑跳跳，衣服搞脏了也无所谓：儿子喜欢画画，就让他按自己的想象随意画；女儿喜欢跳舞，就请老师教她跳。

我总觉得父母是土壤，孩子是种子。父母只需提供好的土壤，让种子发芽，长成他们自己的模样，而不是按自己的意愿捏一个小“我”出来，替大人实现自己的理想。孩子自我而来，却非因我而生，他有他的使命与责任，他也有属于他的人生。

爱因斯坦晚年时曾说，他幼年时看到父亲给他的指南针总是指定一个方向，感到非常惊奇，这种惊奇保持了一生：“这种经验给我一个深刻而持久的印象——我想一定有什么东西深深地隐藏在事情的后面。”

每一个孩子其实都自带创造性，就藏在他们的心里。也许一开始并未显现出它的价值，因为它往往并不符合某种既定范式，或者某种价值评判标准，有的父母就会无意识地把它掐灭。

我想做的就是保护孩子的创造性和能动性，让他们自由地长成他们想成为的样子。

孩子只有在能够自由地体验自己自发性的真实情感，以及能够自由表达的时候，才是具有原创性的。过早被规训了的孩子，不过是父母的经验与意志的作品，而非一个独立而鲜活的生命。

我们要允许孩子有自己面对世界的方式，纵然这个方式在很多时候并不太令大人满意。有时候父母会焦急于孩子的笨拙、迟钝，有时候会不安于孩子的独特性，其实都只是害怕孩子会不按照自己的心意发展。

其实，同情心、好奇心、抗压力、自控力、平常心才是我们要引导孩子们学到的能力。

我们要学会弯下腰、低下身子，以孩子的眼光来看待世界，学会以孩子的口吻和他们交流，多倾听他们对世界的想法，听听他们的诉求，而不是武断地替他们决定一切。

在孩子成长的过程中，父母只有做到“理解、信任、不焦虑、不打扰、提供支持”，才能在培养孩子创造力、自主思考、探索及解决问题的能力上提供助力。

孩子有了自由的灵魂、自由的思维，不受时间、空间的限制，才会有创造精神，摆脱千篇一律的平庸。

这是我们对孩子的期盼，也是我们能够给予孩子的最大的爱。

自己包的粽子最美味

今天是端午节，因为是疫情期间，反而有时间在家，于是带着孩子们一起包粽子。

小时候，每年端午节前，外婆都会早早地开始包粽子。

一桶泡在水里的米，洗得干干净净的粽叶和麻绳，外婆坐在小凳上，用两张粽叶折出一个合适的斗，倒进适量的米，仔细包好，再用绳紧紧捆好，饱满又紧致。就这样包大半天，能包出上百个。有一年，邻居们都想要外婆包的粽子，外婆累得腰的直不起来，手泡得发白发肿，我心疼得直掉眼泪。

那些年，没有冰箱，粽子基本靠泡水里保鲜，所以多是放碱的粽子，蒸出来是黄黄的，吃到嘴里黏黏的，略有点涩，那是碱的味道。因为吃多了放碱的粽子，我亦会喜欢放碱的大馒头，好像那就是我童年的滋味。现在很少能吃到那种放碱的黄黄的粽子和馒头了。

那时偶尔也会吃到枣泥馅、豆沙馅的粽子。后来，条件好了，有冰箱了，也会有猪肉粽子、咸蛋黄粽子、腊肉粽子。

再后来，外婆去世了，我们只能买粽子吃了，总觉得没有外婆包的好吃。

外婆非常能干，不仅粽子包得好，还会做霉豆腐、辣酱、甜酒、红薯片、各种酸菜。虽然我们成长在物资匮乏的年代，但是我好像从没有缺过好吃的。记得有一天下午，我犯馋了，缠着外婆要吃的，外婆拿了一个红薯说："别急，马上给你变好吃的。"

只见外婆把红薯洗干净切丝，然后裹上面粉浆，放入油锅炸，不一会儿，红薯丝变得金黄，从油锅里浮起来，像一只张牙舞爪的螃蟹。外婆将"螃蟹"夹出来，晾在碟子上，便开心地招呼我："来，我们的'螃蟹'可以开吃了！"

那是我吃到的最好吃的薯条，焦脆香甜，感觉比后来吃到的麦当劳、肯德基的薯条都要好。

今天，我也开始学着包粽子，虽然不太熟练，但还是结结实实地包出了粽子模样，里面包的馅儿非常丰富——五花肉、红枣、豆沙等，还把麻绳改成了红绳，让粽子看起来更美观。一旁"80后""90后"的侄子、侄女们都惊讶我有如此好的手艺。看来，外婆的家传手艺还是在的。

我也认真地教孩子们包粽子，希望他们也能学会。虽然现在什么都能买，但自己做的总是不一样，味道更可口，也更能让我们感受到家的氛围和节日的气氛。

孩子们正是对什么都感兴趣的年纪，以后，我要带着他们一起重温我的外婆曾经做给我吃的那些美食，让他们感受到自己动手的快乐，品尝到自己做出的美味。

假期做个饭，让孩子们体会妈妈味道

难得几天假期，待在家里，收拾了一下屋子，整理了一下衣服，侍弄了一下花花草草，也下厨给家人做了个饭。

因为做得少，所以厨艺一般，但基本逻辑知道，比如什么菜配什么菜，什么菜放什么佐料、什么调料等。

对我来说，做饭算是一种放松身心的方式，也是一种生活体验。

我很佩服那些家庭主妇，一日三餐都要亲力亲为。就像我的母亲，我成长期间的每一顿饭，她从不假手于人。那时放学铃声一响，我撒腿就往家里跑，只因母亲早上说晚上会做刨盐鱼或者炒糯米饭。母亲从来说话算话，我们总是老远就能闻到饭菜香味。

母亲做得好的菜有很多：排骨炖墨鱼、爆炒猪肝、姜丝炒肠子……我从来没有吃过比母亲炒得更好吃的猪肝和肠子。

我们现在因为工作繁忙，也因为偷懒，或是依赖家政，或是叫外卖，在家做饭比较少了。有一次儿子都说："要吃妈妈做的饭，做得不好也没关系。"我的一个律师朋友说，他儿子最喜欢吃烤煳的蛋糕，因为他太太不会做饭，唯一能做的就是烤蛋糕，而且还经常烤煳，他儿子从小被投喂烤煳的蛋糕，以至认为这就是人间美味。

从这个意义上讲，我比我的孩子们更幸福。他们这一代，父母因为工作关系，对他们的前途关心多，对日常生活却关心太少。

看来，我真的需要多做饭，为孩子们炮制“妈妈味道”，做出能吸引他们常回家看看的“妈妈菜”，让他们的味蕾永远有对“家”的记忆。

与有善良有趣的灵魂的人交友

周末几个老友聚会，聊当前经济形势，聊各自家庭，开心时一起开心，遇难题一起探讨解决办法，也相互吐槽，释放压力。这些朋友交往都超过20年了，知根知底，相互扶持。在目前企业经营压力巨大的情况下，这些朋友就是我的心灵按摩师。很幸运，我的朋友很多，走得特别近的朋友也不少，这其中有和我一样经商的，我们互相借鉴；也有合作的，都能互相信任。

朋友里还有很多非经商人士，各个行业、各个年龄段的都有，每个朋友对我都很有帮助。比如，有个朋友，比我小一轮，学现代艺术的，我也因此喜欢上了现代艺术作品。还有个朋友是小学教师，对教育孩子很有一套，我经常和她探讨孩子的教育问题，受益匪浅。

和我交往的朋友都说我比较大气，这是朋友们的谬赞，但我确实一直努力做大气的人。我老记得小时候外公教我："他人有过，不究；于人有恩，不念。"我也和外公一样对人比较包容，尤其是对朋友，总是会多看别人的优点。

朋友于我就是最好的蜂王浆，相处时吸收的都是浓浓的养分，能让我变得更好。

以前先生老批评我在企业管理中和稀泥，这是缺点，但有时也是优点，时间轴放长了看，不计较一时得失，也许能获得更长久的成功。

都说要低头做事，睁眼看人，择真善人而交，择真君子而处。其实，和朋友相处就是气场的互相吸引，你付出了，自然就有收获。真情换真情，仁义换仁义。

有人说，朋友走着走着就散了。这样说的人，是还没有悟到朋友相处的真谛。真正的朋友哪怕是经年不见，也仍是朋友，一声召唤就能千里奔赴。

当然，我们也要不断修炼自己，让自己变得更好，能向朋友输出情绪价值、情感价值，乃至经济价值。要时时自省，不要老索取而不付出，多考虑别人的感受，但不曲意逢迎和讨好，只默默为他人解决问题。对于成年人来讲，这些都是极其珍贵的品质，是深植于根的善良。

我们来到这个世界，应该跟那些善良的人、美好的事物、闪光的灵魂倾心相见，至少跟有趣的人一起度过。唯有如此，才不负红尘里走这一遭。

心如草木，向阳而生

人生于世，谁不渴望温暖？

与温暖的人并肩，单调的风景充满诗意，因为他的每一次言行，都充满了沁人心脾的味道和温度；和冰冷的人同行，再完美的景色，也会枯燥乏味。如果一个人对现实不满，总是满腹牢骚，久而久之会与别人疏离，谁会愿意去陪着一个整天唉声叹气的人呢？

苏东坡的一生历尽坎坷，数次被贬。但是不管生活怎么窘困，境遇多么悲惨，他都不放弃自己，总在想办法温暖自己。他不怨不怒，没钱就自耕自种，没朋友就结交樵夫渔民；他写诗作词，研究美食，不断地充实自己，把艰辛的日子过得热气腾腾。他的豁达与乐观，温暖了自己，照亮了别人。

也许，日常的生活和工作里，我们有很多的事情无法改变，或无力改变，但美好的内心，和积极向上的热情，会治愈眼前的困难。内心的充盈和阳光，还会唤醒身边人的力量，大家一起奋力跨过低谷。然后在下一个路口，遇见每个人期待已久的惊喜。

有温度，才有情感；有情感，才会热爱；有热爱，生命才有意义。经历了生活的磨难，看清了现实的残酷，我们才更应该勇敢起来。珍视自己的梦想，坚守自己的初心，让未来的日子充满爱和希望。

心如草木，向阳而生，先温暖自己，再把温度传递给身边的每个人。

快乐，从降低快乐阈值开始

最近，和年轻人聊起快乐阈值的问题。他们都说，现在很难快乐起来。确实，目前很多人工作有压力，经济有压力，孩子也难管，生活一地鸡毛，很苦恼。

我和他们说，其实，快乐和美一样，需要去发掘。比如，一盆花开，一件靓丽的衣服，一个好的天气，都能冲散心里的阴霾，让你明亮起来，快乐起来。

明亮的心态，就是一束光，它让我们在逆境里充满希望，它让我们始终保持自信和勇气，以积极的态度去面对困难，同时把握身边转瞬即逝的机遇。

半杯水的故事告诉我们，如果生活不能如愿，那么，我们应该感谢上天留给我们的半杯水，它让我们依然内心丰盈，对未来充满希望。而不是纠结于失去的另外半杯水。

内心有光，天必明亮。

生活不容易，我们更需要调整心态，有一双发现美的眼睛，有发掘快乐的能力，去发现身边的美好。让我们降低快乐的期望值，慢慢学习、慢慢成长、自我完善……让心情好起来。

加油！小伙伴们！

那些闪耀在微尘里的人性之光

梁晓声是我喜欢的作家，由他的长篇小说改编的电视剧《人世间》看得我泪水涟涟。虽然我的生活状态和他们相差甚大，但在很多时候都会有强烈的共鸣。这或许就是文学的力量。

《人世间》以真实生活的肌理感还原中国社会的沧桑巨变，用“平凡”见证“不平凡”，在历史的微尘里体现人性之光，这或许就是这部电视剧最大的看点所在。秉昆一家虽然生活在物质贫乏的年代，但非常幸福，他的父母慈爱，哥哥姐姐聪明善良又上进，后成为高官和教授。成年后的秉坤没有什么大的出息，却用自己青春善良的眼睛寻找美，寻找暗隅里的光明，寻找美好的爱情。他遵循的是人性中真善美的评价原则，他脱离世俗偏见，顶着政治压力，行走在江湖与家庭之间。并非是他有什么高瞻远瞩，而是出于一种对美的热爱的人性本能，他与郑娟的爱情足够令人感动。

我的原生家庭亦非常幸福，父母恩爱，父慈子孝，兄友弟恭，姐弟亲睦。我因从小性格乖巧长相甜美，颇得父母和亲友关爱，因而自信满满，乐观向上。心理学家说在不缺爱的环境中长大的孩子，更知道爱别人。所以，在我心里总会觉得人性是善良的，总是以最大的善意看待别人。从小，外公教我吃亏是福，于是，以德报怨是我的人生信条。

在我踏入社会后，凭自己努力考上了公务员，当上了法官，嫁了自己最爱的男人，生下最漂亮最聪明的孩子，加上先生的事业越做越大，我更觉得世上一切皆好，人性更是如此。

然而，经济下行、疫情肆意的这三年，让我看到了人性中最丑恶的一面。全球经济衰退，时代掉灰尘，每个人都不可能置身世外。

四面楚歌，十面埋伏。曾经有多辉煌，现在就有多狼狈。无人能倾诉，无人能理解。世态炎凉，我惊讶，我徘徊，我迷茫。

有一次，和一群要债的人聊完后，我精疲力竭地坐在车上沉思，女助理递上水，轻轻地说："刘总，喝口水，休息一下，一切都会好的。"

是的，一切都会好的。我看着跟了我好多年的助理，点点头。

我才想起，在我身边，这几年一直有一个声音："一切都会好的。"

有我爱的家人，每次我回家，他们都会开心地走过来，拉着我的手，和我一起走进温暖的灯光中。有体贴我的亲人朋友，将我的孩子接过去照顾，不动声色地减轻我的负担，让我感受到那些与物质无关的爱。

有随我南征北战的高管与同事，他们一年没有发工资，也依然坚守岗位。有的甚至自掏腰包，处理各种工作，也无怨无悔。

这一刻，我看到了人性的善良。

其实，就像硬币有两面，每个人都会有两面性，人皆有善与恶。有时，生活的压力让人忘记了善，不能坚守善，而生死边缘的选择，只能让他用恶的方式活下去。

正因如此，人处在绝境之中迸发出来的人性之光才更难能可贵。

但愿经济能快速好起来，让人性的善重新绽放光彩，让每个人都能活得闪闪发光。

永远不要驼背，姿势才优美

妈妈对我们姐弟很好，但是也很严格。

从小妈妈就告诉我要抬头、挺胸、收腹，但青春期的女孩子都喜欢含胸。我有段时间老是驼着背，手插在口袋里，觉得这样比较酷。妈妈一见我驼背就会批评我，我虽然心里嫌妈妈啰唆，但还是不由自主地挺起腰杆。久而久之，就养成了不驼背的习惯。

现在想来，多亏了妈妈的唠叨，才有了我今天的挺拔身材。

后来上礼仪课，老师也强调，除了睡觉，脊椎永远是直的，才知道我妈妈是我最早的礼仪老师，也是我的生活管理大师。挺拔才会有好体态，好体态才会有好身材、好气质。

走路也要很注意体态，上身不能摇晃，身体保持一条直线。走路非常能体现一个人的精神状态，或意气风发，或萎靡不振，一看走路姿势就知道。

我面试员工时，喜欢坐在一间大房间里，看着应聘者从外走进来。就那几步路，我就会对他们有很直观的第一印象。能管理好自己的体态，至少证明他是一个自律、对自己有要求的人。

在工作中，我们也永远要有不驼背的精神。“大雪压青松，青松挺且直。要知松高洁，待到雪化时”。遇到困难不能退缩，要努力寻找解决困难的办法，乐观坚强地面对，做那个身姿挺拔的人。

致　谢

当这本书终于画上句号，心中满是感慨与欣慰。

本书的素材，不过是这几年发表在自媒体上的一些人生感悟、企业管理体会，既没系统策划，也没有专门时间创作。后积少成多，朋友们提议出本书，也就结集出版了。时间匆忙，才疏学浅，不当之处，自是难免。

一路走来，诸多不易，而此刻，唯有感恩。

感谢时代给予我的丰富体验，感谢党的好政策，这几年感受尤深。那些或喜或悲的瞬间，都成为这本书的灵感源泉。

感谢我 84 岁的父亲，他对书法艺术的执着追求，是我最好的榜样。

感谢我的先生任玉奇，不论是感情还是事业，他给了我巨大的支撑。

感谢我的作家姐姐，她孜孜不倦地笔耕，让我耳濡目染，也喜欢上写作，并成为终身爱好。

感谢我的孩子们，给予我无尽的爱和理解。他们包容我的忙碌，给我创造良好的创作氛围。

感谢我的朋友们和我的同事们，他们不但在工作上给予我支持，也持续提供给我很多素材，拓展我的思路。

感谢我的同事彭婵娟和出版社的工作人员，他们不断催促和辛勤付出，才有了这本书的出版。

感恩之心，永不停息。这本书是众多人共同努力的结晶，我将倍加珍惜。

希望这本书能给读者带来一些启发，也期待在未来的创作道路上，能继续得到大家的支持和帮助。